국가의 미래, 직무 역량에서 찾는다

한국산업인력공단 국가직무능력표준원

발간사

사람으로 사회를 바꾸는 힘, 국가직무능력표준

박계영 한국산업인력공단 국가직무능력표준원장

최근 '한국판 뉴딜'이라는 단어를 자주 볼 수 있습니다. 한국판 뉴딜이란 비대면 산업 육성, SOC 디지털화 등 신산업 분야 육성 관련 체계적인 전문 인력 양성을 위한 정부 정책방향으로 그동안 시설, 장비 등 인프라스트럭처에 투자하던 것과는 다른 모습입니다. 4차 산업혁명 시대의 가장 중요한 자원은 사람이고 사람에 투자하는 것이 최우선 과제이기 때문입니다. 사람을 키우는 일의 핵심 기제가 바로 국가직무능력표준(NCS)입니다. NCS는 산업현장에서 직무 수행에 필요한 지식·기술·소양 등을 산업부문별·수준별로 체계화 한 것입니다. 학생은 꿈을 위한 가이드처럼 쓸 수 있고, 기업에서는 현장중심 직무데이터베이스로 활용할 수 있습니다. NCS의 개발과 활용이 본격 추진된 2013년 이후로 1,022개 직무의 NCS가 개발되었고 교육·훈련·자격·일 여러 분야에서 활용되고 있습니다. 특히 블라인드채용 강화를 위해 '채용절차의 공정화에 관한 법률'이 작년 7월부터 시행되었고, '산업현장 일학습병행 지원에 관한 법률'도 올해 8월부터 시행 예정으로 NCS의 활용이 계속 늘어나고 있습니다.

앞을 향해 달려온 NCS의 전반적 품질관리를 위해 2019년에는 활용분야별 실태조사를 실시하고, 현장과 활용전문가의 의견을 수렴할 수 있는 온오프라인 채널을 다각도로 운영했습니다. 그 결과 NCS가 현장에서 쓰임이 많아지고 필요성에 대한 공감대도 확산되어 왔지만, 여전히 활용성 강화와 활용분야 확대를 위한 과제가 남았음을 알 수 있었습니다. 먼저 NCS 개발과 활용까지 전 단계에서 현장성을 강화해야 합니다. 현장의 직무내용을 담고, 활용분야별로 쉽게 적용할 수 있도록 하는 '현장이 공감하는 NCS 활용체계' 마련이 필요합니다. 또 지속적 품질관리를 위해 교육·훈련·자격·일 등 실제 활용현황을 면밀히 살펴보고 더 널리 쓰일 수 있도록 개선방향을 거듭 모색해야 합니다.

이를 위해 한국산업인력공단 국가직무능력표준원에서는 2019년 'NCS 품질관리 정례협의회'라는 전문가 협의회를 운영하며 각 활용분야별 추진방향을 고민하는 시간을 가졌습니다. 또, 이런 논의가 일회성 협의에 그치지 않고 누구나 참고할 수 있도록 NCS 뉴스레터와 홈페이지를 통해 그 내용을 공유했습니다. 끝으로 모든 전문가 칼럼을 한 권으로 확인할 수 있도록 이번 〈국가의 미래, 직무 역량에서 찾는다〉를 발간하게 되었습니다. 이 책에는 NCS 활용분야별 그간 활용현황과 앞으로의 해결과제가 담겨져 있습니다. 각 분야별 NCS 활용현황과 앞으로의 추진방향이 궁금하신 분들이라면 이 책에서 도움을 얻을 수 있을 것입니다.

학벌, 스펙이라는 정해진 답을 좇던 사회는 가고 직업별로 요구되는 직무역량을 쌓는 것이 중요한 사회가 왔습니다. 즉, 개인의 직무수행능력을 표현하는 것이 중요한 '능력중심사회'로 바뀌고 있는 것입니다. 표준원에서는 능력중심사회의 구현을 위해 교육·훈련·기술자격 취득 등을 통해 인정받은 NCS 능력단위의 DB화와 NCS 기반 개인별 역량관리를 통해 교육·훈련·자격·일을 연계하는 NCS 은행제 도입을 추진할 예정입니다. 나아가 NCS가 국가역량체계의 핵심 기제로 쓰일 수 있도록 활용 분야 확대 및 NCS 체계 고도화에 힘쓰고자 합니다. 이와 관련해 쉽게 활용할 수 있는 NCS가 되기 위해서는 현장의 지속적 참여가 필요합니다. 모두에게 열려 있는 NCS 홈페이지 및 위키 등 소통채널을 이용해 더 나은 NCS가 될 수 있도록 아낌없는 관심과 의견을 주시기 바랍니다. 한국산업인력공단 국가직무능력표준원도 현장의 의견을 바탕으로 적용하기 쉽고, 변화에 신속히 대응하는 NCS를 만들어 나가도록 노력하겠습니다.

프롤로그

국가의 미래,
직무·역량에서 찾는다
학벌주의 폐단과
직무·역량 사회의 의미

김진실 한국산업인력공단 국가직무능력표준원 부장

우리나라는 사농공상, 인문숭상 등 역사적으로 학벌이 권력, 부, 명예 획득의 도구로 작용해왔다. 명문대학 인기학과에 입학하기 위한 학력경쟁은 초등학교 때부터 시작되고 있는 것이 오늘날 우리 교육의 현실이다. 학벌로 인한 계급화로 인하여 사회이동을 가능하게 했던 '계층사다리'가 무너지고 있다. 계층사다리가 무너지면 사회도 불공정해지고, 무한경쟁으로 인한 개인의 행복은 점점 더 멀어진다.

우리사회에서 학벌주의는 대학의 서열화를 고착시키면서 많은 문제를 발생시

National Competency Standards

켜왔다. 우리사회의 대학서열은 계급적으로 서열화 된 학벌체계다. 즉 학벌체계는 사회적 불평등의 체계다. 그 사람이 어느 정도 능력이 있고 일하는 상황에서 어떠한 능력을 발휘하느냐를 평가하기 보다는 그 사람이 어떤 집단에 속하는가를 보고 편견이 개입된 채로 채용 및 승진에 대한 평가가 이루어졌다는 것이다.

그러한 차원에서, 최근 우리 사회가 보다 발전적으로 변화하기 위해서는 학벌이 중심이 되는 사회보다는 능력이 중심이 되는 사회로 전환할 필요가 있다는 논의가 확산되면서 능력과 학벌에 대한 관심도 증가하고 있다. 하지만, 이러한 관심 정도와는 별개로 용어에 대하여 명확한 정의가 이루어지지 않은 채 혼용되고 있다.

능력과 학벌을 일반적인 직업상황과 연계해서 살펴보면, 능력은 단순히 지식을 획득하는 정도를 뜻하는 것이 아니라, 무언가를 할 수 있는 것을 의미한다. 지식중심의 인문교육에서 강조하는 학업능력과는 달리, 성공적인 삶을 위해 대단히 중요한 직무, 작업, 기능, 태도, 가치관, 이해, 평가 등에서의 능력을 통칭하는데 단순히 무엇을 할 수 있다는 자체보다는 어떤 직업에서 성공적으로 취업해서 발전하는데 필요한 능력을 말한다.

능력중심사회에서의 '능력'은 일자리, 직업 또는 직무와의 관련성이 매우 크므로, 능력에 대한 평가는 실제 직무수행 현장에서 어느 정도 수행할 수 있는지를 평가하려고 한다. 여기서 능력은 직무를 수행하는데 나타나는 우수한 행동특성, 즉 '역량'을 의미하는 것이다. 능력과 '직무·역량'은 같은 의미로 해석될 수 있다. 반대로 학벌은 특정 직업이나 기업에서 특정 학파 또는 특정 학교 출신자가 자신들만의 지위를 유지하는 경향을 보일 수 있는데 기업의 경우 대개 창업

프롤로그

자의 출신 지역이나 오너 사장의 출신 대학교나 계열은행, 관련기업에서의 친분 관계에 좌우될 수 있다.

국내에서 학벌주의의 극복을 통해 능력주의 사회로 가기 위한 다양한 노력들이 진행되었다. 특히, 2002년부터 개발하기 시작한 국가직무능력표준(NCS: National Competency Standards)을 통한 '학벌이 아닌 능력중심사회 구축'이라는 과제는 우리나라 교육과 훈련, 나아가 기업의 채용 및 인사관리를 학벌이 아닌 직무·역량중심으로의 사회 변화를 이끄는 주춧돌이 되고 있다.

NCS는 노동의 가치, 일의 습관을 갖출 수 있도록 유년기, 청소년기부터 다양한 일의 세계를 탐색하고, 단순한 스펙보다는 자신의 분야에서 평생 활용할 수 있는 직무·역량을 쌓아, 행복한 삶을 살아갈 수 있도록 교육과 훈련의 방향을 전환할 수 있는 기제가 될 수 있다. 또한, 근로자가 해당 직무를 성공적으로 수행해내기 위해 요구되는 역량들(지식·기술·태도)과 8단계의 능력단위별 수준이 한눈에 파악 가능하도록 정리되어있어, 스펙이 아닌 직무·역량을 중심으로 채용할 수 있도록 하고 있다.

특히 우리의 미래는 교육에 달려있고, 교육의 품질을 혁신할 때 더 나은 미래를 이룰 수 있다. 이 과정에서 우리나라 직무와 직무능력에 대한 신뢰성 있는 공공데이터인 NCS가 교육의 품질 제고를 위한 핵심 열쇠가 될 수 있을 것이다.

다만, NCS가 산업 전반에 걸쳐 빠른 시간 내에 개발되고, 교육·훈련, 자격, 채용 등 국가 사회 전방위적으로 다양한 분야에 활용되다 보니, 많은 애로사항이 발생했다. 그 중 현장에서 NCS 활용에 대한 개념을 엄격하거나 제한적으로 해석하여 실제 적용에 어려움을 느끼는 경우가 있기도 했다. 하지만 NCS 활용에

는 정해진 답이 있는 것이 아니고, 직무 정보가 필요한 누구나 참고하고 활용할 수 있도록 모두에게 열려있는 정보가 바로 NCS다. 다시 말해 NCS는 현장과 동떨어진 이론적 개념이 아니라 현장의 내용을 바탕으로 만들어진, 현장의 요구사항으로 개선되는 것이기에 많은 사용자들이 NCS를 상황에 맞게 적용해보고, 실제 활용사례가 쌓일 때 한층 더 발전할 수 있는 현장 기반 직무능력데이터라 할 수 있다.

이런 활용 애로사항 개선 등 NCS 전반의 개선점을 도출하고 품질을 높이기 위해 2019년부터 NCS 품질관리의 원년으로 선포한 후, 기존 'NCS 센터'에서 '국가직무능력표준원(이하 표준원)'으로 개칭하여, NCS 이슈에 대해 적극적 대응을 하고자 노력했다. 특히, NCS 현장 소통을 위해 산업계 및 노동계, 소관부처 및 학계 등 현장 인력·전문가들이 참여하는 NCS 품질관리 정례협의회를 매월 추진하고, 애로사항 청취 및 해결방안을 모색하는 자리를 갖고 있다.

구체적으로, NCS가 활용되는 분야 중심으로 '중등직업교육분과(전문계고), 고등직업교육분과(전문대학), 4년제 고등교육(4년제 대학), NCS 분류, 직업훈련, 자격제도, 기업 및 채용분야, 진로 및 데이터, 국제교류'로 구분하여 논의하였다. 다만, 아쉬운 점은 발제를 해주신 전문가들의 고민과 토론에 참석해주신 분들의 열띤 논의가 더 확산되지 못하고 현장에 참여한 분들만 공유하였다는 점이다.

이러한 차원에서 국가직무능력표준원에서는 '국가의 미래, 직무·역량에서 찾는다'라는 NCS 전문가 칼럼 모음집을 통해 생생한 전문가 의견을 구독자들에게 전달하려 한다. 더불어 우리나라가 학벌과 스펙이 아닌 공정한 직무·역량 중심 사회가 되기 위하여 한 걸음 한 걸음 나아가고자 한다.

CONTENTS

발간사 ·· 2

프롤로그 ·· 4

Part 01 교육

중등직업교육

특성화고와 전문대학에서의 NCS학습모듈 활용과 과제 ················ 14
- **김지영** 한국직업능력개발원 부연구위원

직업계 고등학교 NCS교육과정의 운영실태와 과제 ························ 18
- **이영민** 한국직업능력개발원 박사

고등직업교육

전문대학 교육현장의 NCS 기반 교육과정 운영현황과 발전방안 ·· 22
- **김덕영** 부천대학교 교수

NCS의 전문대학 활용과 국가직업교육 체계마련을 통한
활성화 방안 ·· 27
- **윤태복** 서일대학교 교양교육센터장(前 한국전문대학교육협의회 고등직업연구소)

4년제 고등교육

IPP형 일학습병행 운영 성과와 4년제 대학에서의 NCS 활용 과제 ·· 31
- **장명희** 한성대학교 교수

4차 산업혁명과 융복합 교육과정 도입 방안 ···································· 36
- **오승균** ㈜미래융합연구원 원장

국가의 미래,
직무 역량에서
찾는다

Part 02 훈련·자격

훈련

NCS 분류체계 현황 및 이슈 검토 ·········· **42**
- **김동규** 한국고용정보원 연구위원

NCS 훈련성과 및 과제 ·········· **46**
- **고현정** 한국정보교육원 본부장

자격

NCS 자격 실태 및 과제 ·········· **50**
- **박종성** 한국직업능력개발원 선임연구위원

4차 산업혁명 관련 대한민국형 추가자격 운영방안 ·········· **54**
- **김기용** ㈜케이엠플러스컨설팅 대표

CONTENTS

Part 03 기업·채용

기업활용

NCS 어떻게 활용할 것인가? ··· 60
— **박환수** 정보기술·사업관리 ISC 사무총장

대기업활용

두산인프라코어 기술직 직무역량체계 진단 ······················· 64
— **심재근** 두산인프라코어 기술HRD팀 차장

채용

NCS 기반 능력중심 잡매칭시스템 개발 ···························· 68
— **유기원** 마이클컴퍼니 대표

코피티션(Co-petition) 관점의 직무능력중심 채용 적용 사례 ······ 72
— **김대환** 한국연구재단 인재경영팀 선임연구원

다양한 시뮬레이션 기법을 활용한 능력중심 채용 사례 ······ 76
— **김대식** 아주캐피탈 차장

국가의 미래, 직무 역량에서 찾는다

Part 04 진로·데이터(DT)

진로
NCS를 활용한 역량 기반 진로지도방안 ······················· 86
- **이형국** 상명대학교 조교수

데이터(DT)
NCS와 인공지능의 절묘한 만남 ······················· 90
- **조인성** 한국고용정보원 과장

잡미스매치 해소를 위한 NCS 직무데이터 기반 AI 활용방안 ······················· 94
- **김희동** ㈜스마트소셜 대표이사

NCS 능력단위 인정제도 및 NCS 은행제 구축방안 ······················· 98
- **김기용** ㈜케이엠플러스컨설팅 대표

Part 05 국제교류

국제교류
국제교류 측면에서 본 NCS ······················· 104
- **박종길** 한국기술대학교 HRD학과 특임교수

직업자격의 국가 간 상호인정 현황과 전망 ······················· 108
- **조정윤** 국제고용개발원 이사장

역량 프레임워크
자격역량체계의 국제적 동향 ······················· 114
- **임숙경** 국가평생교육진흥원 대외협력실장

NCS 소개 ······················· 120

국가의 미래, 직무·역량에서 찾는다

Part 01

교육

중등직업교육
14_ 특성화고와 전문대학에서의 NCS학습모듈 활용과 과제
18_ 직업계 고등학교 NCS교육과정의 운영실태와 과제

고등직업교육
22_ 전문대학 교육현장의 NCS 기반 교육과정 운영현황과 발전방안
27_ NCS의 전문대학 활용과 국가직업교육 체계마련을 통한 활성화 방안

4년제 고등교육
31_ IPP형 일학습병행 운영 성과와 4년제 대학에서의 NCS 활용 과제
36_ 4차 산업혁명과 융복합 교육과정 도입 방안

중등직업교육

특성화고와 전문대학에서의 NCS학습모듈 활용과 과제

김지영 한국직업능력개발원 부연구위원

NCS학습모듈의 활용

NCS학습모듈은 2013년부터 NCS의 개발과 병행해 교육부, 한국직업능력개발원과 전문가 협회 등을 중심으로 개발되어 왔다. 그동안 직업교육·훈련 과정에 NCS의 도입이 정책적으로 추진되어왔지만 학습모듈의 활용은 의무적으로 요구되지 않았다. 현재 학습모듈은 직업계 고등학교에서 실무과목 교과서로 활용되고 있으며 다른 기관에서는 주교재, 부교재, 참고자료 등으로 활용되고 있다. 이는 현재 한 권의 학습모듈을 특성화고, 전문대학, 4년제 대학과 훈련기관 등에서 동일한 교재로 채택할 수 있다는 뜻이다. 한국직업능력개발원에서는 교육부의 위탁을 받아 2018년 하반기에 직업계 고교와 전문대학 교원을 대상으로 학습모듈의 활용 현황과 요구사항 등을 직무 분야별로 구분해 분석했다.

직업계 고등학교에서는 2018년도 신입생부터 전문교과Ⅱ에 'NCS 기반 고교 직업교육과정'이 적용되고 있다. 전문교과Ⅱ는 특성화고등학교 및 산업 수요

맞춤형 고등학교(일명 마이스터고등학교) 학생들이 배우게 되는 직무 관련 교과군에 포함되는 과목들(전문 공통과목, 기초과목과 NCS 실무과목)이 수록됐다.

고등학교 NCS 실무과목 교과서 활용정도는 반반

직업계 고등학교에서는 2016년과 2017년에도 선택적으로 NCS 실무과목을 도입해 활용할 수 있도록 허용되었다. 실무과목 교과서는 NCS학습모듈을 재구성해 편집한 것이다. 특성화고등학교, 종합고등학교와 마이스터고등학교 전문교과 교원 총 3,053명을 대상으로 실무과목 교과서 활용 방법, 어려움과 요구사항에 대한 분석을 실시한 결과를 요약하면, 기존 교과서와 다른 특성을 갖고 있는 교재를 적용하는 초기 단계에서 교원들은 교과군별(17개 교과군)로 상이한 응답을 하고 있었다.

특히 설문에 참여한 교사들의 2/3 정도가 실무과목 교과서를 활용하고 있었다. 실무과목 교과서를 사용하는 교사들은 교과군에 따라 차이가 있지만 교과서를 '주교재' 또는 '부교재'로 활용하고 있었다. 학습모듈을 활용하지 않는 교사들은 '아직까지 실무과목을 가르칠 기회가 없었음' 또는 '교과서의 내용이 학생들의 수준이나 학교 여건과 맞지 않음' 때문에 활용하지 않는다고 응답했다.

교과서를 주교재로 활용하는 경우에도 '교과서를 그대로 활용함'보다 '다른 교재와 조합해 활용함'이나 '일부만 편집해 활용함'의 비율이 높은 것으로 파악되었다. 또한 대부분의 교과군에서 '학교에서 보유하고 있는 장비와 시설로 교과서의 내용을 가르칠 수 없음'이라고 응답한 비율이 50%를 상회했다. 교과군에 따라 '실무과목 교과서의 활용 방법'과 '실무과목 교과서의 활용이 학생들과 교사의 실무역량 증진 여부'에 상당한 차이가 있었다. 학습모듈 활용에 어려움을 겪고 있는 직업계고 교원들은 '내용이 고교 수준에 맞지 않음', '내용이 부실함', 'NCS 기반 교육과정이 학교 현실과 맞지 않음', 'NCS 기반 교육과정이 전공과 맞지 않음' 등을 이유로 선택했다. 이를 개선하기 위해 '교과서 내용과 수준

보완'과 '시설 및 기자재 구축 지원'뿐만 아니라 '교사의 역량 강화(실무 수행과 수업자료 제작)'를 위한 지원을 요구하고 있었다. 또한, 교과군별로 우선순위에 차이가 있지만 교과서의 보완은 '관련 자격 취득', '기업에서의 직무 수행'과 '직업기초능력 강화' 위주로 이루어져야 한다는 의견이 제시되었다.

전문대학 전공 특성, 학습모듈의 질과 수준에 따라 차이 있어

전문대학에서는 2014년도부터 교육과정에 NCS를 적용하기 시작했다. 이후 2017년 12월에는 교육부에서 전문대학의 'NCS 기반 교육과정 제도는 유지'하되 '교육과정 운영에서의 자율성을 강화'하고 '인적·물적 인프라를 지원'하는 방향으로 제도 개선 추진 방안을 발표했다. 전문대학에서의 NCS학습모듈 활용 현황과 요구 분석을 위해 NCS 24개 대분류에 대해 전문대학 교원 72명을 대상으로 14회에 걸쳐 초점 집단 인터뷰를 실시했다(전문대학에 교수 섭외가 어려운 전공의 경우 폴리텍대학 교수도 소수 참여).

그 결과 NCS와 NCS학습모듈의 활용은 '전공 특성', 'NCS와 학습모듈의 수준(level)', 'NCS와 학습모듈의 질(quality)' 등에 따라 대분류별로 차이가 있었다. 다음으로 NCS 도입 이후 다수의 전문대학에서 '학교 교육과정을 개편하고 전체 교육과정을 체계화'할 수 있었다는 응답이 다수 있었다.

이 밖에도 NCS 적용 이후 '교수자들이 수업에서 실무 배양에 조금 더 초점'을 맞추게 되었다는 의견이 있었으며 '학습모듈은 주로 보조교재 또는 참고용 자료로 활용'되고 있는 것으로 파악되었다. 한편, 학생들이 2년 동안 기초적인 내용을 전반적으로 파악해야 직무현장에서 일을 할 수 있는데, NCS를 적용하기 위해서는 일부 직무에 초점을 맞춰야 하는 것이 교육목표에 부합하지 않는다는 의견이 다수 있었다. 이는 학습모듈의 체계가 잘 갖추어진 경우에도 학생들에게 가르치기에 수준이 높거나 낮은 경우가 있는 것으로 파악된다. 전문대학 교원들이 제안한 NCS와 NCS학습모듈에 대한 요구 사항은 다음과 같다.

①NCS와 학습모듈의 내용적합성과 현장일치성에 대한 전반적인 점검 필요 ②NCS와 학습모듈을 개발해 적용할 분야와 그렇지 않은 분야 선별 필요 ③NCS의 적용에 자율성과 융통성 필요 ④교수자에게 요구되는 서류작업(수행과 평가 증빙자료)과 행정 업무 축소 필요 ⑤NCS를 적용하기 위해 교수 1인당 수업 시수, 학급당 인원수 조정 필요 등이다. 이와 같은 요구들은 국가 수준에서 시행해야 할 사항과 각 대학 수준에서 조정해야할 사항으로 구분할 수 있다.

NCS의 적용과 학습모듈 개발을 위한 과제 도출

분석 결과를 종합해보면 NCS학습모듈에 대한 활용 현황과 요구는 직무 분야, 활용 주체에 따라 상이했다. 이는 직무 자체의 특성, 학습모듈의 질(quality)과 수준(level) 등이 영향을 미치고 있는 것으로 파악된다. 조사 결과를 통해 직업교육에서 NCS의 적용과 학습모듈 개발과 관련해 다음과 같은 과제를 도출할 수 있다.

첫째, NCS학습모듈 보완과 관련한 것이다. 구체적으로 ①NCS학습모듈 개발 수요 분석 ②학생, 입직자와 재직자용 교재의 구분 ③학습모듈별 활용 대상별 이수단위 제시 ④내용 보완 ⑤NCS학습모듈 개발방식 개선 등이다.

둘째, NCS 기반 교육과정 적용과 관련한 것이다. 부연하면 교육·훈련기관에서 NCS를 필요에 따라 유연하게 적용한 결과에 대한 인증방식 마련, NCS 적용이 어려운 분야에 대한 파악과 별도의 인력양성 방안 마련(기술을 직접 가르칠 수 없고 업무를 실제로 수행하는 과정에서 익힐 수 있는 기술이 있음, 고차원적이고 창조적인 사고가 필요한 분야 및 기술의 변화 속도가 매우 빠른 직무 분야에서의 NCS 적용은 어려움) 등이다.

셋째, NCS와 NCS학습모듈 활용을 위한 지원과 관련한 것으로 ①직업교육의 방향에 따른 NCS 개발과 활용의 목적 명료화 ②NCS의 질(quality) 제고 ③교수자 역량 강화 ④현장성 강화를 위한 직업교육 전문 지원 센터 개소 ⑤관련 제도 점검과 보완 등이다.

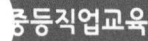

직업계 고등학교 NCS교육과정의 운영실태와 과제

이영민 한국직업능력개발원 박사

직업교육 효과성 극대를 위해 NCS 개발

고등학교의 유형은 일반 고등학교, 특성화 고등학교, 특수목적 고등학교, 자율 고등학교 등으로 구분된다. 직업계 고등학교 유형으로는 전문계학과를 설치한 일반 고등학교[구(舊) 종합고등학교]와 직업교육을 전문으로 하는 특성화고, 특수목적고 영역의 산업수요맞춤형 고등학교인 마이스터고등학교로 구성된다. 우리나라 직업계 고등학교의 현황은 580개교(전체 고등학교수의 25%) 332,263명(전체 고등학교 학생의 20%)이다.

2016년 이전까지만 하더라도 직업교육은 산업현장의 직무중심 교육보다는 학문중심 교육에 중점을 둬 교육과 자격 및 일의 연계가 약해 직업계 고등학교 졸업 후 취업을 하더라도 산업현장에서 직무교육을 다시 받아야하는 것이 일반적이었다. 이러한 현상은 인재 양성측면과 기업의 경영측면에 큰 기대비용을 발생시켰다. 그래서 기업의 요구에 적합한 인재양성을 통해 기대비용을 최소화할

[표] 우리나라 직업계 고등학교 현황   단위: 학교수_개 / 학생수_명

전체 고등학교수		직업계 고등학교							
		특성화 고등학교		마이스터고등학교		구 종합고등학교		계	
학교수	학생수	학교수	학생수	학교수	학생수	학교수	학생수	학교수	학생수
2,360 (100%)	1,669,699 (100%)	466 (20%)	271,446 (16%)	45 (2%)	18,492 (1%)	79 (3%)	42,325 (3%)	580 (25%)	332,263 (20%)

* 자료: 고등학교 현황(교육부, 2017)

수 있도록 최적의 인재를 수급해 직업교육의 효과성을 극대화하고자 NCS를 개발하게 되었다. NCS 개발취지는 산업체의 요구를 반영해 직무중심의 교육내용을 도출했다. 이를 기반으로 교육을 실시해 관련 자격을 취득할 수 있도록 하고, 그 자격에 적합한 일을 할 수 있도록 연계해 교육의 효과를 극대화하는데 있다.

직업계 고등학교에 NCS 기반 교육과정 도입

직업계 고등학교는 직업교육기관으로 졸업 후 산업체에 취업을 우선하는 학교다. 그러나 과거에는 '앎'에 치중하는 학문중심 교육에 중점을 둬 교육과 자격 및 일과의 연계가 다소 부족한 상황이었다. 이 때문에 NCS를 기반으로 '할 수 있는' 역량 배양 중심인 교육과정을 적용함으로써 교육과 자격 및 일의 연계를 강화해 교육의 효과성을 높여주고자 시도한 산업수요맞춤교육은 의미 있는 일이 아닐 수 없다.

이러한 관점에서 교육부는 노동부에서 개발한 NCS를 기반으로 직업계 고등학교에 NCS 기반 교육과정을 도입하게 되었다. 교육부는 후속적으로 직업계 고등학교에서 NCS 기반 고등학교 직업교육과정이 조직적이고 체계적으로 착근될 수 있도록 국가수준의 NCS 기반 고등학교 직업교육과정을 2015년 9월에 고시했다. 그리고 2016년을 시작으로 실무과목부터 우선 적용했으며, 2018년

부터는 모든 직업계 고등학교에 전면적용했다. 또한, NCS 기반 교육과정 운영을 위한 표준교재로서 NCS학습모듈을 개발·보급했다. 그 현황은 2013년 51개, 2014년 175개, 2015년 321개의 세분류를 개발했다. 더불어 2016년에는 300개의 세분류를 개발하고, 6개를 보완했다. 이후 2017년 50개의 세분류를 개발하고, 45개를 보완함으로써 총 897개의 세분류를 개발하고, 51개를 보완했다.

직업계 고등학교에서 NCS 기반 고등학교 직업교육과정을 용이하게 운영하기 위해 교육과정 안내서를 개발하고 교육과정 운영에 대한 컨설팅 제공과 모니터링을 수행하고 있다. 또한, 환경적 토대를 구축하기 위해 교원 및 시설 설비 기준안을 마련하고 이를 추진하는 데 소요되는 표준교육비를 산출해 보급함으로써 재정지원의 토대를 마련했다.

현재 직업계 고등학교에서는 전통적학과 중심의 인력양성 유형 선택과 이에 연관된 전통적 교육과정 편성 현상이 두드러지고 있으며, 3학년 중심으로 실무과목을 편성함으로써 3학년 2학기부터 실시되는 현장실습으로는 충분한 실무교육을 시행하지 못하는 한계가 드러나고 있다. 또한, 기존 '앎' 중심교육에서 '할 수 있는' 역량 중심교육으로 전환됨으로써 실험, 실습 및 학생중심 교육방법 적용이 강화되어 교원들의 실무역량배양과 교수학습방법 개선이 필요한 상황이다. 특히, NCS 기반 고등학교 교육과정은 산업수요 맞춤형 교육과정으로 산학협력을 통해 산업체의 수요 및 요구를 반영해 산업수요 중심의 교육이 강화되어야 그 효과와 효율성을 극대화할 수 있을 것이다. 이러한 선순환적인 체제를 이루기 위해서는 산업체 주도의 산학협력이 이루어져야 할 필요가 있다.

성공적인 안착을 위해 문제점 보완과 개선 노력 등 필요

여전히 산학협력은 산업체 주도가 아니라 학교 주도로 이루어져 그 효과성을 증진하는 데 한계를 경험하고 있는 실정이다. 따라서 NCS 기반 고등학교 교육과정이 학교에 성공적으로 안착되어 진정한 의미의 산업수요맞춤형 교육이 이루어지기 위해서는 문제점을 보완하고 개선하는 노력이 필요하다. 더 나아가 NCS가 직업교육의 내용지침으로서 품질을 보장하고 그 가치를 제고하기 위해서는 다음과 같은 사항들을 고려해야 한다.

첫째, 4차 산업혁명에 따른 융합교과 활용사례를 발굴·보급할 필요가 있다. 현재 NCS는 모듈별로 개발되어 있다. 4차 산업의 핵심인 융합역량을 배양하기 위해 모듈별로 개발된 NCS를 융합해 사례를 발굴·보급함으로써 그 활용의 가치를 배가할 필요가 있다.

둘째, NCS학습모듈의 질관리를 강화할 필요가 있다. NCS학습모듈은 산업현장의 실무환경을 기초로 개발된 학습자료다. 산업현장과 다소 거리가 있는 학교에서 실무역량을 배양할 수 있는 대안적인 학습자료로 활용될 수 있도록 학습모듈의 질관리를 강화할 필요가 있다.

셋째, NCS 교육과정 운영 정착을 위한 컨설팅 및 모니터링을 강화할 필요가 있다. 매년 10만여 명의 졸업생을 양성·배출하는 직업계 고등학교가 NCS 기반 고등학교 교육과정을 성공적으로 운영해 양질의 인재를 양성할 수 있는 기반을 조성함으로써 다른 훈련기관에 벤치마킹할 수 있는 우수한 사례를 발굴·보급할 수 있을 것으로 사료된다. 따라서 직업계 고등학교에서 NCS 기반 고등학교 교육과정이 조기에 성공적으로 착근될 수 있도록 컨설팅과 모니터링이 강화될 필요가 있다.

넷째, 국제적 활용을 위한 영어 번역본 개발이 필요하다. 최근 국제공적지원(ODA: Official Development Aid)으로 인도, 아프리카 및 동남아시아 등의 나라에 직업교육과정과 교수학습자료 개발 및 시설·설비 등에 대한 지원이 확대되고 있다. 여기에는 우리나라에서 개발된 NCS가 기초자료로 활용의 가치가 매우 높다. 그러므로 NCS 활용을 확대하고 국제적으로 참고할 수 있도록 영어 번역본이 개발된다면 활용성은 매우 높아질 것으로 사료된다.

고등직업교육

전문대학 교육현장의 NCS 기반 교육과정 운영현황과 발전방안

김덕영 부천대학교 교수

전문대학교 교육현장에 적용된 NCS

전국에는 136개의 전문대학교가 고등교육법에 명시된 전문직업인 양성이라는 가치실현을 목표로 운영되고 있다. 국공립 8개교, 사립 128개교, 학과수 약 6,100여 개, 학생수 69만여 명으로 구성된 고등직업교육기관으로서의 핵심적인 위상을 갖고 있다. 산업현장에서 요구하는 실무중심의 교육을 위해 노력하고 있으며, 이러한 노력의 근간에는 현장중심의 NCS 기반 교육과정이 있다는 것을 전문대학인이라면 부인할 수 없는 사실이다.

일반대학(4년제)의 경우 NCS를 일부 교육과정에 적용하고 있는 수가 13개에 불과한 것과 비교하면 전문대학은 거의 모든 대학이 교육과정을 NCS 기반으로 운영하고 있다. 그러나 초기 도입시기의 혼란, 학습모듈의 미비함, 교육부 재정지원사업 중심의 참여 독려 등이 부작용으로 작용해 전문대학교 교육현장에서는 이에 대한 호불호가 나뉘는 모습을 보여 왔다.

NCS 기반 교육과정의 흐름

2002년 고용노동부(한국산업인력공단)와 교육부(한국직업능력개발원)가 각각 개발한 NOS(National Occupational Standards, 국가직업능력표준), KSS(Korea Skills Standards, 국가직무능력표준)의 효율적 운영을 위해 2010년 NCS(National Competency Standards, 국가직무능력표준)으로 표준 명칭 통일 및 개발주체가 일원화되면서 2008년 신구대를 시작으로 2011년 부천대, 계명문화대, 동의과학대, 백석문화대, 수성대가 시범 적용됐다. 이후 본격적으로 모든 전문대학에 NCS가 도입되기 시작한 것은 2014년 '특성화 전문대학 육성사업'의 일환으로 NCS 기반 교육과정의 적용 여부가 사업평가의 중요사항으로 포함되면서 부터이다.

초기 전문대학의 NCS 기반 교육과정은 산업계의 요구와 대학의 자발적 적용이 아닌 정부주도의 재정지원사업 형태로 시작되었다. 특성화사업이 종료된 지금, NCS 기반 교육과정의 핵심인 현장직무를 교육하기 위한 환경이 제대로 구축되기도 전에 모든 재정지원사업에서 NCS는 점점 사라져가고 있다. 5년이라는 특성화 사업기간은 NCS 기반 교육과정이 안착되기 충분한 시간이 아니었던 것이다.

이렇듯 외부적으로 재정적 뒷받침의 중단과 함께 내부적으로 NCS에 대한 사회적 통용성의 미흡, NCS 기반으로 전공을 교육하기 위한 방법과 시설 등의 부족, 교수들의 과도한 업무량 증가 등 NCS 적용의 어려움이 있었다.

적용 초기 다양한 문제점 발생

실무형 인재양성을 목표로 하는 NCS 기반 교육과정은 상당부분 산업체와의 공동 개발, 공동 운영, 공동 평가를 중심축으로 진행된다. 특성화사업 초기 전문대학교 교수들은 NCS 기반 교육의 필수요소였던 산업체 참여를 위해 NCS에 대한 '홍보'도 도맡아 해야 하는 입장이었다. 그러니 그 피로도가 이루 말할 수 없는 것은 자명했다. 여기에는 같은 전공(NCS 상의 세분류, 이하 능력단위 또는 요소 단계)이라도 직무의 다양성이 크다는 현실이 있었다. 또한 아쉽게도 NCS와 동시에 추진된 학습모듈 개발은 오히려 많은 문제점을 불러일으켰다.

NCS 자체 검증에 충분한 시간과 경험이 쌓이지 않은 상태에서 개발된 학습모듈은 대학 현장에서 활용하기에 많은 문제점을 내포하고 있었다. NCS가 강의실에서 효과적으로 활용 및 적용되기 위해서는 직무중심의 학습내용뿐만 아니라 교수학습법, 학생평가방법, 질관리 방안 등 교육전반에 있어 여러 가지 사항을 고려해 만들어지지 못했고, 교육부 특성화사업은 선정된 대학에서만 진행됐다. 이외에 지원받을 길이 없었던 대학은 NCS에서 설명된 설비를 갖추는 일이 요원하기만 했다. 이와 같이 NCS 기반 교육과정 도입은 해당 교과목을 담당하는 교수들에게 새로운 일거리를 선사했다. 〈그림〉은 NCS 기반 교육과정 도입 이후 새롭게 나타난 강의 관련문서(일거리)이다. 일부대학에서는 NCS 기반 교과목의 운영뿐만 아니라 일반 교과목으로까지 확대 실시하고 있다.

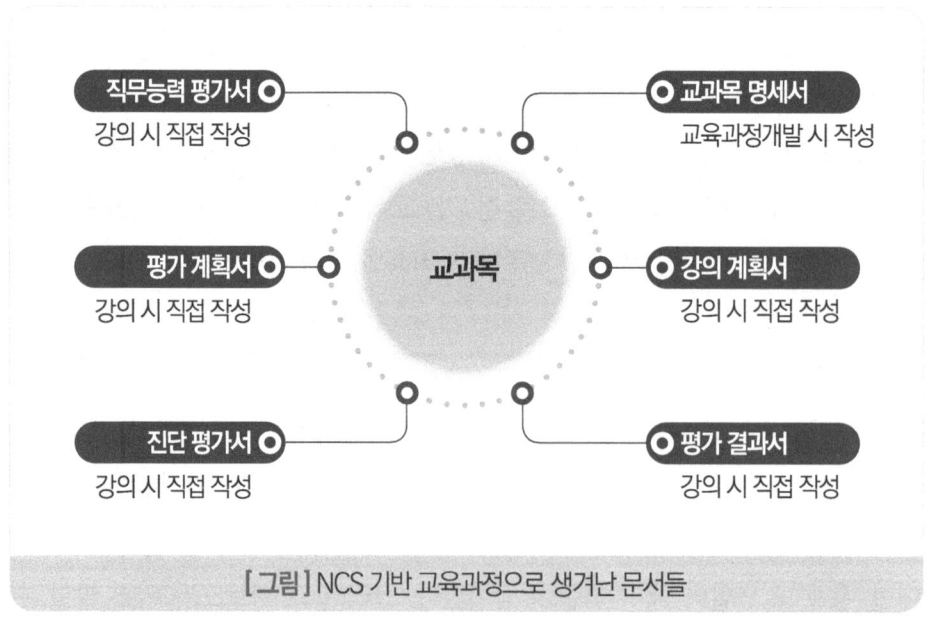

[그림] NCS 기반 교육과정으로 생겨난 문서들

[표] 전문대학 NCS 교육현황 실태 설문조사

- 고등직업교육연구소(한국전문대학교육협의회 부설), 2017.9
- 1674명 응답(NCS 기반 교과목 강의경험이 있는 전체교원-비전임포함)
- NCS 기여도, NCS 적용성, 강의준비·수업·학생평가·질관리를 포함한 교과목 운영현황 등 34개의 문항으로 구성

예1) NCS 기반 교육과정이 미친 긍정적인 영향

순위	항목	비율(%)
1	지식위주에서 직무중심의 강의내용 변화	23.60
2	체계적인 강의준비	19.18
3	평가방법의 개선	16.89
4	현장형 실습기자재 등 실험실습 환경개선	13.42
5	향상 및 심화교육 도입을 통한 직무능력 향상	11.55
6	산업체인사의 적극적인 활용을 통한 실무사례 수업	9.00
7	기타 산학협력 내실화	6.35

예2) NCS 기반 교육과정 운영 시 어려운 점

　　1순위로 강의준비, 평가 등 복잡하고 과중한 업무(1105건)가 가장 높게 나타났으며, 그 다음으로 NCS 자체의 적용어려움(859건), 상대/절대평가 선택의 혼란(741건)의 순서를 보였다. 기타로는 '실제적인 현장중심교육보다는 파생되는 행정업무 과다 및 산업체와의 산학협력에 대한 애로사항이 다수 발생함', '강의본질보다 행정업무에 시간을 많이 빼앗긴다', '효용성을 검토하지 못한 채 잦은 NCS의 개정으로 수반되는 반복적인 행정업무', '교과목의 특성을 고려한 선별적이고 자율적인 NCS 적용이 필요함' 등의 의견이 있었다.

판을 바꾸려면 정부차원의 지원과 정책 필요

　NCS 기반으로 바뀐 전문대학 고등직업교육의 가장 큰 수혜자는 바로 기업이다. 그런데 기업은 열매만 따려한다. NCS 기반 직업교육운영은 개발단계부터 강의, 학생평가 등의 운영과 질관리까지 모든 과정을 산업체와 함께해야만 그 효과가 극대화되지만, 기업들은 "그럴 형편이 안된다"고 이야기하며 숙련된 기술자만을 원한다. 이런 기업들을 움직여 '직업교육의 한축'으로 농참시키려면

정부차원의 지원과 정책이 필요하다.

  NCS가 전문대학 교육현장에 도입되는 과정에서 직업교육의 틀이 정비되었다. 긍정적 평가를 내린다면 직업교육의 교육과정 개발이나 운영에 체계가 잡힌 것이 무엇보다 장점일 것이다. 달라진 틀이 잘 자리를 잡으려면 '판'을 바꿔야 한다. 판이 바뀌면 학벌중심사회가 능력중심사회가 되고 사람들의 생각도 바뀔 것이다.

  전문대학 혼자 힘으로는 되지 않는다. 더 이상의 시행착오를 겪지 않기 위해 전문대학과 정부, 기업이 머리를 맞대고 고민해야하는 시간이 왔다.

고등직업교육

NCS의 전문대학 활용과 국가직업교육 체계마련을 통한 활성화 방안

윤태복 서일대학교 교양교육센터장 (前 한국전문대학교육협의회 고등직업연구소)

NCS 기반 교육 품질관리 확산을 위해 노력하고 있는 전문대학

전문대학은 대학민국의 고등직업교육 대표기관으로 능력중심사회 실현을 위한 정부정책에 부응하고, 산업현장중심의 교육을 위해 NCS 기반 교육과정을 개발해 운영하고 있다. 더불어 저변확대와 성과확산을 위해 다양한 프로그램을 운영하며 산업현장과 교육현장의 괴리감을 좁히고자 노력했다. NCS 기반 교육과정은 특성화 전문대학육성사업의 중요한 요소로 평가 대상이었고, 2015년 대학구조개혁 1주기에서도 NCS 기반 교육운영이 전공 및 교양 교육 부분에서 중요하게 다뤄졌다. 이는 2018년 기준으로 137개 전문대학 중, 125개 대학이 NCS를 활용해 교과목을 운영한 통계(출처: KEDI, 교육통계조사)를 보더라도 얼마나 의미가 큰 것인가를 가늠할 수 있다. 또한, 전문대학은 NCS 거점센터운영협의회를 구성하고 전국에 8개 NCS 거점센터를 지정해 정부 재정지원사업에 참여하지 않는 대학도 관련 정보를 공유하고 소통할 수 있도록 정책연구, 포럼 개최, 사례집 발간 등 NCS 기반 교육의 품질관리 확산을 위해 자발적인 노력을 지속해 왔다.

NCS 얼마나 잘 활용하고 있는가?

NCS는 대학의 평가 요소로 이용되면서 빠르게 확산되는 모습을 보였지만 NCS를 이용한 교육과정 설계의 체계적인 준비를 위한 시간이 부족했다는 아쉬움이 남는다. NCS 기반 교육운영을 위한 많은 산출물은 교원의 업무가 과중하게 늘어나는 문제를 가져왔고, 일부 NCS의 경우 교육현장에서 운영해도 산업현장에서 인지도가 낮아 그 성과를 기대하기 어려웠다. 아울러 능력단위 또는 능력단위요소 수준(Level)이 교육과정에 적용하는데 어려움을 호소하는 경우도 발생했다. 그럼에도 불구하고 전문직업인 양성을 위한 전문대학의 설립목적에 따른 교육과정을 고민하게 하는 계기가 되었다는 점에서 대다수 교원이 공감하는 상황이다.

NCS는 직업인의 능력과 자격을 연계하고, 경력관리를 위한 기준으로 유용하게 활용할 수 있다. 또한, 산업현장과 교육현장의 괴리감을 좁히는데 기여하는 것은 분명하다. 그리고 NCS는 능력중심 사회 실현을 위한 유용한 도구인 것도 분명하다. 하지만 좋은 도구를 가지고 있음에도 '얼마나 잘 활용하고 있는가?'에 대한 질문에 명쾌하게 답변하기 어려운 상황이다. 무엇이 문제인가? 우리가 놓친 것은 없는지 다시 되돌아보고 근본적인 부분에서 무엇이 문제인지 대학의 울타리를 넘어 고민하는 것이 필요하다.

국가직업교육 측면에서의 NCS 활성화 방안

우리사회는 학벌과 인맥중심, 소득 양극화, 일자리 부족, 저출산 및 고령화, 니트족(NEET: not in education, employment or training, 일하지 않고 일할 의지도 없는 청년 무직자) 증가 등의 문제를 가지고 있다. 특히, 학력에 따른 임

금격차는 부와 교육의 양극화로 이어지고 '대학진학=성공지름길'이라는 인식을 자리 잡게 하고 있다. 이와 더불어 직업교육에 대한 사회적 인식 부재로 인해 경제적으로 어렵고 기초학력수준이 낮은 사람이 지원하는 것으로 오해하기도 한다. 이러한 사회적 분위기에서 NCS의 활성화를 기대하기는 어려워 보인다. 이 문제는 전문대학만이 가지고 있는 문제가 아니며 각 대학에서 해결할 수 있는 사항도 아니다. 이에 보다 큰 틀인 '국가직업교육'이라는 측면에서 NCS의 활성화를 위한 방안을 제시한다.

첫째, 직업교육 인식 개선을 위한 국가차원의 혁신적인 노력이 요구된다. 중등 및 고등직업교육을 선택한 사람은 국가장학금과 같은 공적 비용을 절약하고 조기 입직해 사회에 기여하는 바가 크다. 하지만 사회가 바라보는 시선과 처우는 부족함이 남는다. 충분한 지원을 통해 직업교육을 선택한 사람들이 성공하는 사례를 만들고 이를 통한 직업교육의 인식 개선이 요구된다.

둘째, 국가직무능력표준과 국가기술자격의 사회적 통용성 확보가 선행되어야 한다. 인재 등용에 있어서 학벌과 인맥보다는 능력과 자격이 우선시 되어야 하며, 이를 위해 보다 견고한 제도적 장치가 마련되어야 한다.

셋째, 중등직업교육과 고등직업교육 연계 방안 및 대학의 유연한 학사체계가 요구된다. NCS 기반 교육을 운영하는 중등직업교육과정과 고등직업교육과정과의 합리적인 연계가 필요하며, 산업과 대학의 인적 자원이 필요에 따라 유기적으로 오가며 일과 학업을 병행할 수 있도록 보다 유연한 학사제도가 뒷받침되어야 한다.

넷째, 현장중심 교육운영을 위한 산업현장의 적극적인 참여가 절실하다. 직업교육기관은 산업에서 요구하는 인재를 양성해 기업의 부담을 덜어줘야 한다. 이러한 산업현장중심 인재를 양성하기 위해서는 기업의 교육 참여가 필요하나 기업 여건상 현실은 그렇지 못하다. 이러한 실정을 고려해 교육에 참여하는 기업을 국가가 지원하는 것도 하나의 방안이 될 수 있다.

다섯째, 국가직업교육 체계 마련과 이를 위한 국가 유관기관 간의 협력이 필요하다. '대한민국의 국가직업교육체계는 무엇인가?'라는 질문에 적절한 대답이 생각나지 않는다. 고용노동부, 교육부, 한국산업인력공단, 고등직업교육평가인증원, 한국직업능력개발원, 한국교육개발원, 산업별·지역별 인적자원협의체 등 관련 기관은 충분하게 마련되어있다. 하지만 국가직업교육을 위한 체계라는 부분에서는 협력과 개선의 여지가 많이 남아있다.

끝으로 우리 사회가 직업교육을 선택한 사람과 일반교육을 선택한 사람을 차별하지 않기를 희망한다. 이를 위해 직업교육을 바라보는 인식이 올바르게 자리 잡을 수 있도록 노력하고, 국가직업교육 체계를 마련한다면 NCS는 자생적으로 활성화 될 것이라고 생각한다.

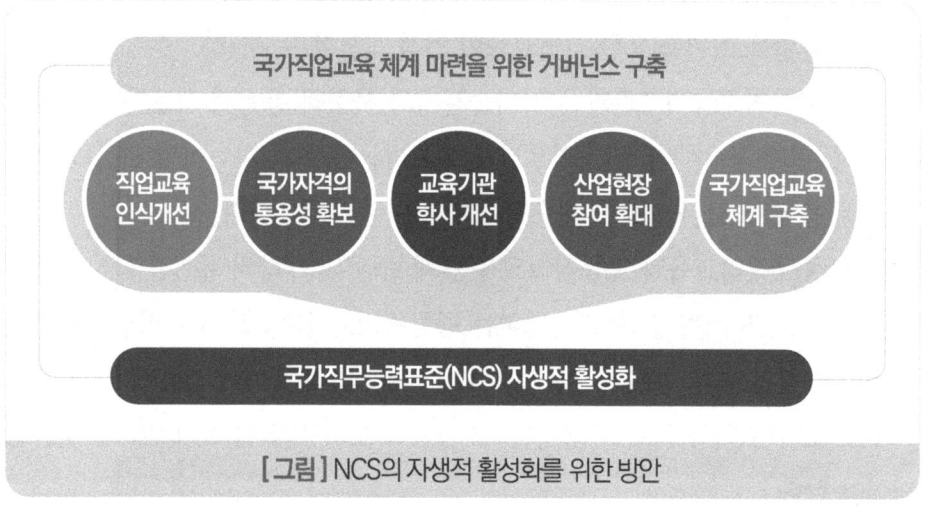

[그림] NCS의 자생적 활성화를 위한 방안

4년제 고등교육

IPP형 일학습병행 운영 성과와 4년제 대학에서의 NCS 활용 과제

장명희 한성대학교 교수

4년제 대학에서의 IPP형 일학습병행 도입과 성과

2015년 고용노동부와 한국산업인력공단은 4년제 대학에서의 IPP형 일학습병행 지원사업을 도입했다. 2019년 7월 현재 4년제 대학에서의 IPP형 일학습병행은 총 38개 대학(1기 13개교, 2기 10개교, 3기 7개교, 4기 8개교)에서 참여하고 있었으며, 참여대학은 NCS 기반의 일학습병행 자격을 평균 5개 수준으로 운영 중이었다. 4년제 대학에서의 일학습병행은 대학별로 다소 차이는 있으나 학습근로자를 함께 육성하며 채용할 기업을 확보하고 대학의 정규 교육과정과 운영 범위에서 선정한 NCS 기반 자격연계 교육과정 운영의 전형적 사례이다.

---

* 이 원고는 2019년 7차 품질관리정례협의회(2019. 7. 26.)에서 발제한 '4년제 대학에서의 NCS 활용과 과제' 내용을 요약 재구성한 내용임.

4년제 대학에서의 IPP형 일학습병행 운영 현황을 통해 나타난 주요 시사점은 다음과 같다.

첫째, 대학교육의 특성을 반영한 유연한 접근이 필요하다. 즉 4년제 대학의 교육목표, 인력양성 수준, 교육과정과 자격의 연계, 학사제도운영의 자율성 범주 등과 IPP형 일학습병행의 운영방식을 연계한 유연한 접근을 시도해야 한다는 점이다.

둘째, 대학교육 특성을 반영한 운영모델이 필요하다. IPP형 일학습병행의 성과목표는 양적 목표 기준 중심에서 실제 대학교 교육에 운영 가능한 모델을 만들어갈 수 있도록 정성적 기준이나 목표를 설정해야 한다. 특히 사업의 제도적, 양적 지표 중심의 관리뿐만 아니라 대학교육 내에서 IPP장기현장실습과 일학습병행을 연계 발전시킬 수 있는 모델을 제시하고 공유해야한다.

셋째, 일학습병행을 위한 인프라 구축이 선행되어야 한다. IPP형 일학습병행의 성과와 장점에서 기업과 학생, 고용 차원 긍정적인 성과가 도출되고 있다. 한편 성과와 실적 부진 사유에서 제시된 원인은 관련 법령의과 제도의 미비, 운영 및 지원 체계 구축과 동시에 운영도 진행됨에 따른 인프라 구축이 선행되어야 함을 나타내고 있다.

4년제 대학에서의 IPP형 일학습병행의 성과 탐색

4년제 대학에서의 지난 5년간 IPP형 일학습병행 운영 성과를 대학 정책과 현장 차원에서 탐색하면 다음과 같다.

첫째, NCS 기반 능력중심사회 구축 정책의 일환으로 시작된 IPP형 일학습병행과 공기업의 NCS 기반 능력중심 채용의 도입은 대학교육에서 NCS 활용에 관심을 유도하는 원동력이 되었다. IPP형 일학습병행은 NCS 기반 신직업자격과의 연계를 통해 산업계 요구 역량과 교육과정, 자격의 일관성을 갖추도록 요구하는 정책적 기회를 마련했다.

둘째, 대학교육에서의 역량 기반 교육강화 동향과 2015년도 대학 현장에서의 NCS 활용 현황을 살펴보면 교육과정, 현장실습, 역량평가, 자격 및 채용 대비 교육 등 전반에서 이루어지고 있다. 이들 관련 현황에 대한 변화와 IPP형 일학습병행 지원사업의 5년차 추진 성과를 각 분야별 효과성과 연계해 체계적으로 분석 공유할 때 4년제 대학이 추구하는 교육방향, 교육변화 노력 등과 연계한 중요한 자료로의 활용도 기대할 수 있을 것이다.

셋째, 지능정보사회로의 진전과 융합형 인력양성에 대한 화두는 대학교육에서 교육목표와 실질적인 교육운영의 변화시도가 뒤따라야 한다. IPP형 일학습병행을 통한 대학교육 운영의 실질적인 변화는 교육의 장(場)과 교육의 방법, 교육의 시기와 장소 등의 측면에서 산학연계와 운영의 유연성, 실질적인 역량 강화로의 진전이 이루어져야 할 것이다.

4년제 대학에서의 NCS 활용 과제 제안

현재 운영 중인 IPP형 일학습병행의 운영 성과 중 주목할 것은 ①학생측면에서는 학생의 역량증진, 진로설정 및 취업경쟁력 향상의 효과 ②기업측면에서는 우수인재를 공동 육성하고 발굴할 수 있는 제도 ③대학측면에서는 학생선택에 의한 현장실습학기의 운영과 산업계와 협력한 교육운영 인프라 구축 등을 들 수 있다.

이와 같은 성과 외에도 실제 운영의 내실화와 4년제 대학에서 지속가능한 교육제도로서의 방안 모색을 위해서는 IPP형 일학습병행의 대학교육 정착을 위한 과제 탐색이 중요하다. 이는 4차 산업혁명으로 대변되는 급격한 사회 변화와 4년제 대학의 산학연계 실무교육 강화 등 변화 대응을 위한 교육유형으로의 발전 방향 탐색을 위한 과제이기도 하다.

급격한 사회변화, 기술변화 등이 예고되는 4차 산업혁명의 준비와 사회변화를 주도해나갈 인재육성에서는 체험중심의 진로탐색과 각 분야의 전문성 개발을 위한 경력경로 개발이 매우 중요하다. 따라서 IPP와 일학습병행 연계 모델은 해외의 Co-op(현장실습 프로그램) 교육과정처럼 2년 이상의 학년에 걸쳐 체험과 기업 기반의 교육 경험을 통해 진로와 전문성 개발을 지원할 수 있어야 한다. 또한, 현재 IPP형 일학습병행의 조건을 적용하되 대학생들의 학년별 발달 과업 등과 연계한 다학년 현장실습 교육모델(안)으로의 전환을 시도하고 지원해야 한다.

더불어 현행 IPP형 일학습병행의 운영 모형과 대학교육이 지향하는 교육목표, 인재육성의 수준, 대학 내 학문의 다양성을 반영한 융합전공에 의한 융합 인재, 글로벌 인재육성 과정으로의 발전을 검토해야 한다. 현재 IPP형 일학습병행 교육과정은 기초부터 자격 성취기준까지의 내용을 포함하고 있다. 따라서 별도의 재정지원사업으로 운영되는 '인문학 전공자를 위한 SW인력육성 지원사업', '4차 산업혁명과 신산업 핵심인재 육성 지원사업' 등을 연계하면 최근 대학에서 지향하는 융합전공의 한 예로 운영 가능하므로 이들을 적용한 IPP형 일학습병행 운영도 시도해야 한다.

다음으로 IPP 장기현장실습은 참여 학년에 따라 자신의 진로탐색 및 직무역량을 개발하고, 일학습병행은 자격을 기반으로 취업을 예정한 학습근로자로서 진로결정 시기를 앞당겨 교육훈련기간도 경력기간으로 인정받을 수 있다. 각 대학과 허브 사업단에서는 각 프로그램의 효과성에 대한 연구를 통해 지속적인 질관리를 진행하고, 각각의 강점을 확대해나가 운영의 내실화도 추진해야 한다. 다만 대학에서 4차 산업혁명 시대에 대비한 신산업 인재육성 등에 NCS 활용 시 미래변화를 반영한 직무능력표준인가에 대한 제한도 극복해야 한다.

이 밖에도 대학 일학습병행 듀얼공동훈련센터는 지정 초기 해당 자격과정 운영을 위한 최신 시설 및 기자재를 확보한 교육훈련시설이다. 각 사업단의 듀얼공동훈련센터는 대체로 1학기에 운영되는 Off-JT 운영만이 아니라 예비 학습근로자를 위한 과정운영도 지원할 수 있어야 한다.

듀얼공동훈련센터는 교내 학생뿐만 아니라 협약기업 근로자의 교육훈련과정 운영지원, 기술개발 컨설팅 및 교육지원 등을 활성화해야 한다. 그리고 해당 ISC 등과 연계한 재직자과정 공동운영 및 해당 지역 공동훈련센터로의 활동도 적극 시도하고 이를 통해 대학은 평생직업능력개발 기능을 확대해 나가야 할 것이다.

각 대학별 자율적인 운영지원과 발굴·공유

현재 IPP형 일학습병행을 운영하는 대학들의 전공 구성과 교육환경, 지역과 산업체 환경 등이 매우 다양하다. 따라서 전형적인 요건에 의한 IPP형 일학습병행을 운영하기 보다는 대학의 특성과 사회수요 등을 반영한 사업단의 자율적이고, 다양한 성과와 운영 사례 등을 촉진할 필요가 있다. 이 사례는 해외사례 중 독일의 'DHBW 듀얼학습 프로그램'과 같이 국내외 산업체 및 대학간 IPP형 일학습병행 교육 공동체를 구성해 공동의 교육과정 운영체제 구축 등의 시도도 필요하다.

이를 위해서는 IPP형 일학습병행 운영 내에서 정량중심의 관리형 운영지원에서 벗어나 대학별 협력에 의해 자율적 운영 모델을 만들어 갈 수 있는 기회를 지원해야 할 것이다.

또한 각 대학의 IPP형 일학습병행 운영 우수사례와 각 대학의 자율적인 운영 모델 등을 지속적으로 발굴 공유함으로써 대학 현장에서 IPP형 일학습병행 운영의 지속적 개선 동기를 유도해나가야 할 것이다.

4차 산업혁명과 융복합 교육과정 도입 방안

오승균 ㈜미래융합연구원 원장

시대 흐름에 따른 교육과정의 변화

2016년 1월 스위스 다보스 포럼에서 세계경제포럼 회장인 클라우스 슈바프는 4차 산업혁명을 초연결, 초지능, 초융합 등 3가지 핵심 키워드로 정의했다. 즉 사람·사물·공간 등 모든 것들이 인터넷으로 초연결되고, 이로 인해 수집된 빅데이터를 분석해 스스로 진화하는 초지능이 존재하며, 그 지능이 다시 하나로 아우르는 초융합 시대라는 뜻이다.

다양한 센서(IoT, SNS 등)를 통해 내·외부의 정보가 생성되면, 각종 정보를 하나의 데이터로 수집하고, 알고리즘을 통해 빅데이터를 분석해 결과를 도출함으로써 유의미한 데이터가 형성된다. 형성된 데이터를 기반으로 고객의 니즈를 실시간으로 파악해 제조 분야와 융합한 스마트 공장, 생활 분야와 융합한 스마트홈, 이동 분야와 융합한 자율주행차, 도시 분야와 융합한 스마트시티 등과 같은 새로운 산업 분야가 탄생한다. 이를 '4차 산업혁명' 또는 '디지털 트렌스포메이션'

이라고 한다. 디지털 트렌스포메이션에 적응하기 위해서는 로봇의 장점인 지속성, 생산성, 반복 능력과 인간의 장점인 창의성, 융통성 그리고 직관 능력을 적절하게 융합해야 한다.

그러므로 사회적 트렌드를 예측하고 대응할 수 있는 획기적인 해결책으로 기존 전통·주력 산업과 4차 산업혁명의 핵심 기술을 함께 준비할 수 있는 대비책. 융복합 교육과정이 도입되어야만 하는 이유다. 즉 계열 간, 신기술 간, 산업체와의 융복합이 필요하다.

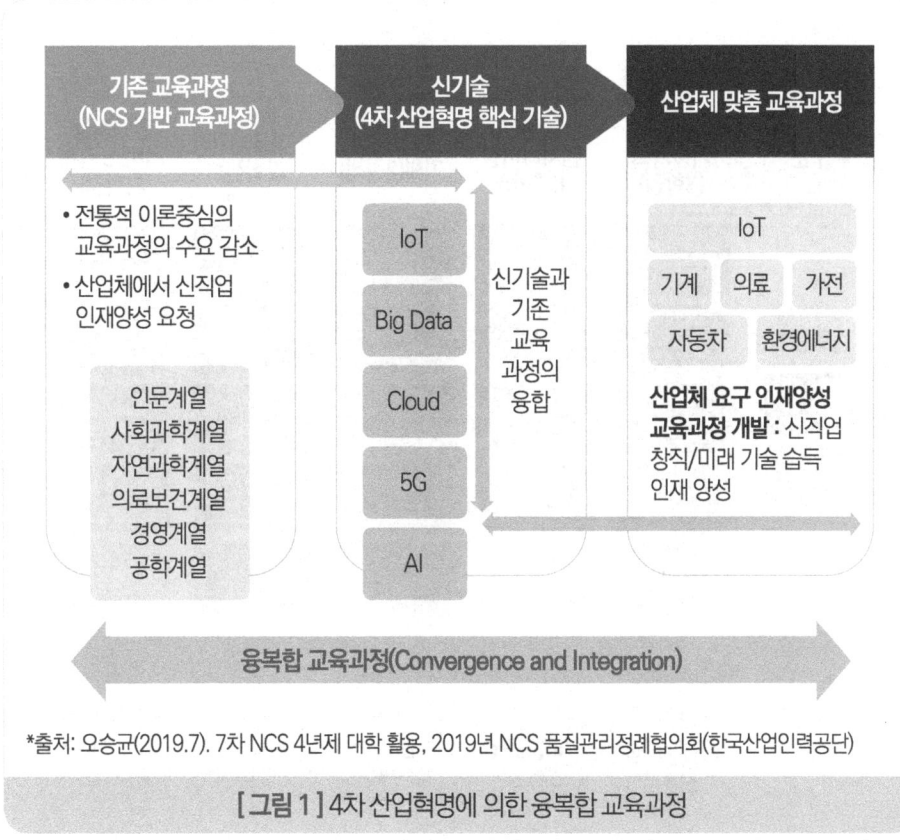

*출처: 오승균(2019.7). 7차 NCS 4년제 대학 활용, 2019년 NCS 품질관리정례협의회(한국산업인력공단)

[그림 1] 4차 산업혁명에 의한 융복합 교육과정

NCS 활용으로 융복합 교육과정 개발

각 분야에서 4차 산업혁명 이후 사회적 트렌드를 보면 경제개념은 소유 경제에서 무소유 경제로 주력산업은 정보통신, 자동차, 인터넷, 금융산업, 에너지, 조선, 반도체 등에서 기후변화, 인공지능, 로봇, 드론, 3D 프린팅, 바이오헬스, 고령친화, 블록체인, 콘텐츠산업, 자율주행차, 핀테크 등의 산업으로 변화했다. 산업의 변화에 따라 교육시스템은 오프라인 집합교육에서 온라인 융복합 교육으로 변화하고 있으며, 교육기관에서는 산업체 맞춤형 융복합 인재를 양성하기 위해 융복합 교육과정 도입이 필수적이다.

구분	핀테크 기술기획 (3학점)	핀테크 엔지니어링 (3학점)	빅데이터 기획 (2학점)	핀테크상거래 (2학점)	인공지능 서비스 기획 (2학점)
능력단위 (비 NCS 능력단위 / NCS 능력단위)	핀테크 데이터 분석	핀테크 인터페이스 설계	빅데이터 서비스 기획	핀테크상거래 사업기획	서비스 요구사항 분석
	핀테크 서비스 기획	핀테크 인터페이스 구현	빅데이터 분석 기획	핀테크상거래 판매관리	서비스 모델 설계
	핀테크 플랫폼 기획	핀테크 보안·인증 구현	빅데이터 기술 플랫폼 기획	핀테크상거래 고객관리	인공지능 활용 기획
	핀테크 시스템 구축 계획	핀테크 테스트	빅데이터 활용 기획	핀테크상거래 사후관리	서비스 실행 계획 수립
	핀테크 마케팅 계획		빅데이터 운용 기획	핀테크상거래 마케팅관리	성과 평가 기획
미래 직업	핀테크 서비스 기획자 / 핀테크 플랫폼 기획자	핀테크 UX/UI 디자이너 / 핀테크 플랫폼 엔지니어	핀테크 금융 데이터 분석가 / 핀테크 투자분석가	핀테크 자산관리사 / 핀테크 공인중개사	핀테크 AI 서비스 기획자 / AI 기반 핀테크 감정평가사

*출처: 미래융합연구원(2019.7). 2019년 NCS품질관리정례협의회 발제 내용, 산업인력공단

[그림 2] 4년제 대학 핀테크 융복합전공 교육과정 설계[12학점(안)]

융복합 교육과정 개발을 위해서 신산업 분야의 직무 도출이 필요하나 새롭게 직무를 도출하는 것은 매우 어려운 일이다. 그러므로 국가 주도하에 개발된 NCS를 적극적으로 활용하는 것이 바람직하다. 만약 미개발된 직무 분야라면 '데이컴 기법' 등을 활용해 주요 내용을 도출한다. 예를 들어 2018년도에 발표한 8대 선도산업 중 핀테크 산업에 대해 융복합 교육과정은 다음과 같이 설계가 가능하다.

　우선 핀테크 산업 분야의 미래직업을 분석한다. 이를 토대로 핀테크 산업의 직무를 핀테크 기술기획, 핀테크 엔지니어링, 빅데이터 기획, 핀테크 상거래, 인공지능 서비스 기획 등으로 설정한다면, 직무별로 개발된 능력단위를 활용하고 미개발된 직무는 데이컴 기법으로 능력단위를 도출한다. 예를 들어 핀테크 플랫폼 기획이라는 교과목을 개발한다면 ①NCS 플랫폼 기획이라는 능력단위를 활용해 교과내용을 능력단위 요소의 핀테크 플랫폼 시장 조사하기 ②핀테크 플랫폼 요구사항 파악하기 ③핀테크 플랫폼 운영계획 수립하기 등으로 구성한다.

　4차 산업혁명 시대의 산업인재를 양성하기 위해서는 NCS의 활용이 매우 유용하므로 국가에서는 신산업 분야의 NCS 개발 시 융복합 산업을 고려해 신중히 개발해야 한다.

국가의 미래, 직무·역량에서 찾는다

Part 02

훈련·자격

훈련
42 _ NCS 분류체계 현황 및 이슈 검토
46 _ NCS 훈련성과 및 과제

자격
50 _ NCS 자격 실태 및 과제
54 _ 4차 산업혁명 관련 대한민국형 추가자격 운영방안

훈련

NCS 분류체계 현황 및 이슈 검토

김동규 한국고용정보원 연구위원

NCS 분류체계의 지속적인 개선으로 변화하는 노동시장과 산업계 수요에 대응

NCS는 2019년 현재 세분류 기준으로 1,001개, 능력단위 기준으로 12,405개가 개발되었다. NCS가 본격 개발되기 시작한 2013~2014년에 세분류 항목 528개가 신규 개발되고, 기존 NCS 269개가 보완된 이래로 2018년까지 매년 50개 정도가 신규 개발되고 있다. NCS 분류체계는 당시, NCS를 일시적으로 대량 개발해야 하는 상황에서 개발의 체계적·효율적 추진을 위한 효과적인 역할을 했다. 더불어 NCS의 효율적 관리(개발·수정 예산의 집행, 개정이력 관리 등)와 활용의 편리성(교육·훈련과정 편성, 자격 개편 등)을 높이는데도 역할을 하고 있다. NCS 분류체계는 '대-중-소' 세분류 능력단위의 5단계(5-digits, 코드는 10자리)로 구성되며, 능력단위 하위의 능력단위 요소까지 포함하면 총 6단계로 구성된다(6-digits). 각 분류 단계에서 항목 구성은 직능유형, 업종, 노동시장, 산업별인적자원개발협의회(ISC), 한국고용직업분류(KECO)의 세분류 중 대표 직무 등을 고려해 설정되었다. 다만, NCS 분류체계는 표준산업분류나 표준직업분류처럼 분류체계로서의 안정성보다는 변화하는 노동시장과 산업계 수요를 신속히 반영해 교육훈련, 직업자격 등 직업능력개발에 활용하는 것이 더 중요하기 때문에 매년 항목이 추가되거나 변경되고 있다.

[표] NCS 분류체계 현황(2019.1.12. 기준) 단위: 개

대분류	중분류	소분류	세분류	2013년	2014년		2015년		2016년		2017년		2018년	
					개발	보완개발	개발	개선	개발	개선	개발	개선	개발	개선
24	79	253	1,001	240	288	269	50	79	50	403	51	191	53	100

NCS 품질관리와 활용성 개선을 위한 방안

NCS 분류체계는 일정한 분류기준을 통해 구성되며, NCS의 체계적·효율적 개발 추진, 효율적 관리, 활용의 편리성 등에 기여해 왔다. 그러나 NCS 분류체계는 NCS 품질관리와 NCS 활용성 개선을 위해 몇 가지 논의가 필요해 보인다.

첫째, NCS 신규 개발의 기본 단위를 세분류 항목이 아닌 능력단위 수준에서 추진되어야 한다. 현재 신규 개발 직무 선정 과정을 보면, 세분류 수준을 기본 개발 단위로 하며, 개별 능력단위의 경우는 기존에 관련 세분류 항목이 있으면 추가 개발이 가능하다. 이처럼 능력단위 10~12개 내외로 구성되는 세분류 수준에서 개발 여부를 결정하게 되면, 실제 노동시장에서 독립적으로 작동하지만 크기가 작은 직무(능력단위 또는 능력단위요소), 예를 들어 자동차경정비(썬팅, 덴트, 세차, 유리보수 등) 같은 직무는 개발 목록에서 누락되는 문제가 발생할 수 있다. 실제 노동시장에서 수행되는 직무들은 다양한 크기를 가진다. 동일한 직능수준임에도 어떤 직무는 6개월 이상의 교육훈련이 필요한 반면에 다른 직무는 1개월 이하의 교육훈련만으로도 수행이 가능할 수 있다. 이렇게 되면 NCS 분류체계에 능력단위 1~2개로 구성된 세분류 항복도 포함될 수 있고, 능력단위

요소 1개로 구성된 능력단위도 개발될 수 있다.

둘째, 공통능력단위 개념 도입을 검토할 필요가 있다. NCS 개발을 분야별로 하다 보니 안전, 위생, 기획, 관리 등 업무수행에 공통되는 능력단위들이 중복 개발되는 문제가 발생했다. 이는 예산 낭비뿐만 아니라 NCS 활용 시(필요 능력단위의 적용) 혼란 등 문제가 발생할 수 있다. 따라서 분야별로 공통능력단위를 설정해 중복 개발을 방지할 필요가 있으며, 공통능력단위가 적용되는 분야는 대분류 또는 중분류 수준에서 설정하는 것이 적절하다.

셋째, 공통능력단위 개념 하에 산업현장에서 많이 사용되는 개발·분석·디자인 등에 관련된 SW툴(tools)을 신규 개발에 대한 검토가 필요하다. 현재는 NCS 직무기술서 또는 학습모듈에 관련 소프트웨어나 장비에 대한 명칭 정도만 포함되거나 그마저도 없는 경우가 있는데, 이로 인해 교육·훈련과정 구성에 어려움이 발생한다. 따라서 'CAD, R' 등 공통 SW툴이나 디지털 장비 사용을 NCS로 개발한다면 현장에서 유용하게 활용될 수 있을 것이다. 또한 기획, 영업, 품질관리 등과 같은 산업공통적 특성이 강한 직무들도 공통능력단위 개념하에 체계화할 필요가 있다. 수학 등 기초이론까지 NCS에 도입하는 것은 정규교육과의 영역 충돌을 이유로 바람직하지 않아 보인다.

넷째, 직업기초능력 중 '기술능력'을 디지털 문해력(Digital Literacy)에 대한 중요성을 고려해 좀 더 세밀하게 개선할 필요가 있다. 현재도 직업기초능력으로 '기술능력'이 개발되어 있지만, 최근 기술변화를 반영하지 못하고 기본소양 위주로 구성되는 한계가 있다.

다섯째, 활용성이 낮거나 불필요한 NCS는 국가직무능력표준에서 제외를 검토할 필요가 있다. 예를 들어 '항공기정비'는 업무수행에 국제기준 적용이 필수이고 실제 교육훈련도 국제기준을 적용하고 있다. 또 '임산물생산'은 활용성이 낮다. 이들 직무는 굳이 NCS로 개발할 이유가 없었음에도 NCS 분류체계에 포함되는 오류와 관련 단체의 무리한 요청이 복합적으로 작용해 개발된 경우이다. 따라서 효용성이 낮은 NCS 항목들은 국가직무능력표준에서 제외하고, 민간등록직무능력표준(RCS: Registered Competency Standards) 제도와 같은 개념으로 별도 관리할 필요가 있다. RCS 제도는 특정 영역 또는 기업에서만 필요한 직무를 기업이나 협회가 자체적으로 개발한 경우 이를 공인해주는 것으로 활용할 수 있다. RCS 제도는 4차 산업혁명 기술과 같이 변화가 빠르고 성급하게 국가표준화하기 어려운 직무 분야에서도 유용할 것이다.

여섯째, 능력단위 수준(level)의 경우 단일 수준을 부여하는 것에서 수준의 범위(range)를 부여하는 것으로 변경이 필요하다. 개발된 능력단위 중에는 동일 직무 분야에서 수행되는 여러 수준의 직무(능력단위요소)를 포함한 경우가 많기 때문이다.

또한 현재 노동시장에서 수행되는 모든 수준의 능력단위들이 개발된 것도 아니어서 훈련과정이나 자격 개발 시에 필요한 NCS가 없다는 불만이 현장 수요자를 중심으로 제기되고 있는 상황이다. 이런 문제를 해소하기 위해 필요한 모든 수준의 능력단위를 개발하는 것도 막대한 예산과 시간이 소요되는 어려움이 있다. 따라서 능력단위 수준에 범위를 부여함으로써 다양한 수준의 내용(지식, 기술)을 담은 능력단위에 단일 수준을 지정한 불합리성을 바로잡고, 현장 수요자들의 활용상 어려움을 해소하는 두 마리 토끼를 잡을 필요가 있다.

향후 능력단위의 지식, 기술 등 내용에 부합하는 수준으로 해당 전문가들의 엄정한 재평가를 통해 개별 능력단위별로 수준 범위를 부여하는 것이 타당하다. 혹여 능력단위의 범위를 '기존 수준±1' 등으로 수준 범위를 일괄 부여하는 것은 자칫 실제 능력단위의 내용에 부합하는 않는 수준이 부여되는 또 다른 문제를 낳을 수 있다.

이상과 같이 NCS 분류체계와 관련된 여섯 가지 이슈를 제기했는데, 하나하나 이슈를 풀어나간다면 NCS 품질이 한층 개선되고 활용상의 유용성과 효과성이 제고될 것으로 기대된다.

NCS 훈련성과 및 과제

고현정 한국정보교육원 본부장

교육적 패러다임의 변화

대한민국 직업사전에 등재된 직업의 종류는 얼마나 될까? 우리나라 직업의 종류는 1969년 즈음 대략 3,260여 종이었으나 2017년 조사결과로는 1만 2,000여 종으로 확대되어 50년간 40배가 증가했다. 미국 3만 여개, 일본 2만 여개에 비하면 아직 작지만 직종의 변화가 빠르게 진행되고 있는 것을 알 수 있으며, 이는 사회구조와 과학기술로 점점 세분화되고 빠르게 변화하는 사회적 분위기를 반영한 것이다.

이는 지금까지의 일반적인 교육만으로는 사회의 빠른 변화를 따라가기 어려워지는 환경이라는 이야기이다. 결국 이러한 변화의 요소는 사회에서 원하는 역량을 가진 인재가 가정교육과 정규교육만으로 육성되지 못하는 구조적 문제가 있다. 구조적 문제를 해결하기 위해 NCS가 개발되었고, NCS의 필요성이 강조되는 시점에 교육적 패러다임 변화 움직임이 감지되었다. 그동안의 타율적인 학습을 기반으로 하는 이전 공급자 중심의 학습개념이 점차 능력중심의 자기주도적 학습 분위기를 반영하는 NCS의 불을 댕기게 되었다.

NCS로 변화된 교육패러다임으로 인해 교육은 공급자 중심에서 수요자 중심, 산업중심의 패러다임으로 변경된 이후 열린 교육체제와 시공간을 초월하는 다양한 방식의 교육이 제공되고 기존의 한정 제공방식의 교육이 다양한 교육방식으로 발전하게 되었다.

본 기관도 최초로 NCS를 직업훈련에 도입하는 시기에는 많은 어려움이 있었지만 시범 사업을 통해 어렵지만 빠르게 진입한 NCS 편성 훈련과정으로 훈련수준을 한 단계 끌어올릴 수 있는 기반을 마련했다. 무엇보다 NCS라는 것은 낯선 개념이지만 수요자 중심의 접근방식과 소양 그리고 전공 교과 로드맵을 통해 이수체계도를 확립해 훈련수준과 더불어 해당하는 교육훈련을 마쳤을 때 산업현장에서 할 수 있는 능력치를 각 능력단위 목표설정을 통해 산업체에서 요구하는 방식의 훈련으로 거듭나는 계기를 마련했다.

특히 구체화된 지식, 기술, 태도를 통한 교수계획과 평가방법을 통해 산업현장과 교육현장 간 거리를 좁히고, 표준화된 훈련의 내용을 학습할 수 있는 기반을 마련하게 되었다.

NCS 교육훈련과정 전환으로 훈련과정 로드맵 수립

NCS 교육훈련과정 전환의 장점으로 먼저 손꼽을 수 있는 것은 훈련과정의 수준을 먼저 제시했다. 훈련의 전체 이수체계도를 통한 훈련과정의 로드맵이 명확해지는 효과를 통해 훈련생들 스스로의 목표수준이 명확해졌으며, 직무의 흐름을 통한 훈련을 통해 소홀했던 능력단위 요소들에 대한 적극적인 학습 태도가 증진되었다. 또한 다양한 학습방법을 통한 훈련생의 참여율이 확대되어 NCS 과정 이수 후 NCS 이수자평가를 통한 다양한 기술수준의 평가가 확립되었다는 장점을 가지고 왔다.

국가기간전략산업 직종 훈련과정은 이수체계도를 통한 훈련생들에게 사전 상담 및 목표확립을 할 수 있었고, 이에 따라 훈련생들의 중도 탈락률이 줄어들었다. 이에 반해 일반 계좌제 교육훈련 특히, 서비스 직종의 경우 연도별 취업률이 점진적으로 향상되는 효과를 보였다. 이는 기존 자격증 취득 등 얇은 층의 교육커리큘럼이 실제 산업에서 사용되는 기술 위주의 교육훈련으로 변화되고 특히 매장관리 및 서비스 등과 같이 실제 업무에 필요로 하는 훈련이 첨가되어 교육이수 후 바로 현장에 투입되어도 직무를 수행하는데 무리가 없는 교육 방식이 도움이 되었다고 판단된다.

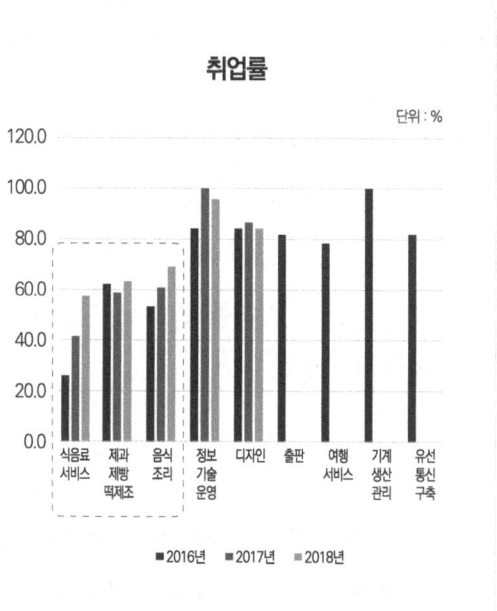

[그림] 국가기간전략산업직종 및 일반 계좌제의 변화의 폭

하지만 이러한 성과에도 불구하고 NCS 교육훈련과정 전환의 단점도 존재한다. 필요 이상의 행정 서류작업 피로도와 훈련과정 편성부터 이수자평가까지의 경직성, 그리고 교육 강사의 능력단위 요소들의 해석에 따른 결과물의 이질성

과 훈련기준 및 능력단위 개선의 속도문제는 아직도 우리가 시간을 두고 해결해 나가야 하는 과제인 듯하다.

NCS 교육과정이 앞으로 나아가야할 방향

이수자평가는 능력단위별 평가로 인한 피로도 증가와 행정업무의 증가라는 단점도 존재하지만 각 과정별 능력단위 요소별 수행준거의 재발견과 훈련 시 필요로 하는 교육 매체의 다양성 확보 및 성과 평가방법의 재발견으로 인해 NCS 교육과정의 시행과 훈련생 성취도의 확인이라는 성과는 큰 결실이다.

앞으로는 NCS 능력단위 이수 및 수료에 대한 인정여부를 산업체 연계학습을 통해 지원을 한다면 이수체계에 대한 신뢰도가 높아질 수 있다고 생각한다. 특히 검정형 자격과 과정평가형 자격에 이어 NCS 이수자격에 대한 자격 인정이 확대되길 희망한다. 지금은 NCS 교육과정의 수료로 머물지만 현(現) 교육훈련에 대한 능력단위 이수가 앞으로의 신자격에 도입이 되어 어느 교육을 받더라도 이수 후 능력단위 패스 여부가 확인이 되면, 관련 자격의 발급이 현실화 되어 교육훈련의 질적 향상에 도움이 될 수 있기를 바란다.

자격

NCS 자격 실태 및 과제

박종성 한국직업능력개발원 선임연구위원

자격제도 전반에 활용되고 있는 NCS

대한민국은 다른 나라에 비해 학습내용과 일자리에서의 직무내용 불일치가 높은 편이다. Montt(2015)가 국제성인역량조사(PIAAC) 자료로 분석한 내용에 의하면 일자리 직무내용과 학습영역의 미스매치가 50%로 12개 조사 국가 중 제일 높은 편이다. 이는 평균수준 39.1%에 비해 매우 높은 수치이다. 이처럼 대한민국은 교육 및 자격의 내용이 산업현장의 직무내용과 불일치하는 경우가 많았기 때문에, 그동안 산업현장에 대한 직무내용이 교육훈련과 자격에 반영되어야 한다는 현장의 목소리가 존재했고, 이를 국가적인 차원에서 수용하고자 NCS를 도입했다.

NCS는 교육·훈련·자격이 현장의 직무를 바탕으로 설정될 수 있도록 국가적 차원에서 현장의 직무를 표준화, 체계화시킨 것이라 할 수 있다. NCS는 초기에 국무조정실의 자격제도 규제개혁 과제의 일환으로 추진되었으며, 「자격기본법」 개정으로 NCS 개발의 법제화(2007년)가 이루어졌다. 이후, 자격관리 운영 기본 계획(2011년) 및 중장기 NCS 개발 및 활용 계획(2012년), NCS 품질관리 혁신방안(2019년) 등이 발표되었다. 정부는 NCS를 지속적으로 개발(2019년 1001개 세분류 개발)했으며, 이를 활용해 'NCS 기반 615개[2016년 10월 NCS(847개 세분류)를 토대로 마련] 신직업자격기준'을 마련했다. 개발된 NCS와 NCS 기반 615개 자격기준을 바탕으로 기존 검정형 국가기술자격 출제기준 개편 작업이 추진되었고, 과정평가형 국가기술자격(2020년, 159개 종목)을 도입·운영하고 있다. 또한 일학습병행 자격은 'NCS 기반 615개 신직업자격기준'을 바탕으로 훈련프로그램을 개발해 운영하고 있다. 「산업현장 일학습병행 지원에 관한 법률」(이하 「일학습병행법」)이 2019년 8월 27일 제정됨에 따라 동법에서 규정한 일학습병행 자격 부여가 2020년 8월 28일부터 이루어져야 하며, 이에 따라 일학습병행 외부평가(해당 NCS 기반 과정 필수능력단위 평가) 합격자 1만 2천여 명에게 일학습병행 국가자격증이 발급될 예정이다. 또한 개별법의 국가자격도 일부 자격종목은 NCS를 반영해 실무중심의 문제출제를 위해 노력하고 있다. 이처럼 NCS는 자격제도 전반에 활용되고 있다.

NCS를 자격제도에 적용하는데 있어 상호 유기적인 접근 필요

NCS 개편 및 도입 시기와 방법에 따라 동일한 국가기술자격 종목임에도 과정평가형 혹은 검정형 자격인지의 여부에 따라 자격 간 일부 내용의 차이가 나타나고 있다. 과정평가형 자격은 NCS 기반 자격기준과 기존 종목의 출제기준을 검토해 100% NCS 기반으로 개발되었으나, 검정형 자격은 일부 종목만 NCS 기반으로 개편된 상황이다. 이 때문에 자격 운영 방식에 따라 동일 자격일지라도 활용되는 NCS 능력단위에 차이가 일부 나타나게 된 것이다. 따라서 NCS를 자격에 적용하는데 있어서 상호 유기적인 연계를 고려한 접근이 필요할 것이다. NCS와 자격제도 연계 범위는 〈표〉와 같이 구분할 수 있다.

[표] NCS와 자격제도 연계 범위		
구분	NCS를 활용할 수 있는 자격제도(관련법)	관련부처
자격의 구분	• 과정평가형 국가기술자격(국가기술자격법) • 검정형 국가기술자격(국가기술자격법)	고용노동부
	• 일학습병행 국가자격(산업현장 일학습병행 지원에 관한 법률)	고용노동부
	• 개별법의 국가자격(자격기본법 등)	교육부 등 개별법의 정부부처
	• 국가공인 민간자격(자격기본법)	교육부

먼저 「자격기본법」 제5조(국가직무능력표준) 제3항에 정부는 정부가 정하는 교육훈련과정, 국가자격의 검정 및 출제기준, 민간자격의 공인기준 등이 NCS에 따라 마련되도록 노력해야 한다고 되어 있다. 「자격기본법시행령」 제8조(국가직무능력표준의 활용)에서는 국가자격의 신설·변경 및 폐지 기준, 국가자격의 검정, 자격시험의 출제 기준 및 민간자격 공인 기준 등은 국가직무능력표준을 따라야 한다고 제시되어 있어 자격제도와 NCS의 연계가 매우 중요함을 알 수 있다. 「국가기술자격법 시행령」 제12조에서도 국가기술자격 종목 신설 시 「자격기본법」에 따른 국가직무능력표준 등을 고려해 해당 종목의 직무내용, 검정방법 및 출제기준 등을 개발해야 한다고 명시되어 있다. 「산업현장 일학습병행 지원에 관한 법률(2019.8.27, 제정)」 제11조에서도 일학습병행 직종 및 교육훈련기준 개발 시 국가직무능력표준 개발 분야를 고려하도록 하고 있다. 현재 일학습병행은 산업형(NCS 기반 자격과정), 기업형(모듈형 과정)으로 구분되는데, 산업형은 NCS 기반 자격과정으로 내·외부 평가를 거쳐 일학습병행 자격을 부여해야 한다.

NCS와 자격제도의 연계가 효율적으로 이루어지기 위한 방안
NCS와 자격제도의 연계는 매우 중요하다고 할 수 있다. NCS와 자격의 연계가 효율적으로 이루어지기 위해서는 다음과 같은 사항이 검토되어야 할 것이다.

첫째, NCS 기반 국가역량체계(KQF)가 구축·운영되어야 한다. KQF는 NCS 등을 바탕으로 학력, 자격, 현장경력 및 교육훈련 이수 결과 등이 상호 연계될 수 있도록 한 수준체계다.

국가기술자격, 공인민간자격, 일학습병행 국가자격, 개별법의 국가자격 등 다양한 국가 차원의 자격이 혼재되어 있으므로 자격 간 관계를 명확하게 하고, NCS 활용을 보다 체계적으로 활성화하기 위해서는 KQF가 구축·운영되어야 한다.

둘째, 일학습병행 자격에 대한 훈련직종 정비가 필요하다. 현재의 NCS 기반 615개 종목은 2016년 10월 시점에서 산업계의 의견을 반영해 국가기술자격을 개편하고자 개발 및 운영되어 오던 자격종목들이기에 일학습병행 자격제도 운영 관점에서 직종선정 재검토가 이루어져야 할 것이다. 또한 최근 4차 산업혁명 관련 분야 등 일학습병행 분야의 신규 기업수요를 반영하고, 산업현장 기술변화에 대응한 신규 인력양성 수요에 부응하기 위해서는 추가적인 일학습병행 자격직종 신설 등도 검토되어야 한다.

셋째, 향후 NCS 개발은 국가주도의 개발에서 민간주도의 개발로 변화가 필요하다. 그동안 NCS는 국가주도로 개발되어 왔으나, 앞으로는 NCS의 개발·유지·관리 비용 등을 고려해 민간에서 NCS를 개발하는 방향으로 검토되어야 할 것이다.

넷째, NCS가 자격제도에서 어떻게 활용되고 있는지 활용 실태를 정기적으로 모니터링하고, 이를 바탕으로 NCS에 대한 수정·보완 등이 지속적으로 이루어져야 한다.

다섯째, 현재 NCS 개발 시 높은 직무수준(1~8 level)까지 개발하고 있으나, 높은 직무수준(7~8 level)은 활용성이 낮은 것으로 분석되고 있다. 따라서 NCS 활용 주체(특성화고, 전문대 등)의 수준을 고려한 NCS 능력단위 개발이 이루어져야 한다.

4차 산업혁명 관련 대한민국형 추가자격 운영방안

김기용 ㈜케이엠플러스컨설팅 대표

4차 산업혁명 관련 미래 산업기술 환경 변화

국가기술자격제도는 우리나라 산업화를 촉진시키고, 산업현장에서 요구하는 인력의 기술과 기능수준을 평가하고 검정함으로써 국가 발전에 기여해왔다. 그러나 최근 4차 산업혁명과 관련된 미래 산업기술 환경의 변화에 대응해야 한다는 요구가 높아지고 있는 상황이다. 이에 '제4차 국가기술자격제도 발전 기본계획'에서는 현장 수요에 맞는 자격 신설을 유연화하기 위해 Fast-Track 제도 및 융합형 자격 등 대한민국형 추가자격에 대해 도입을 추진하고 있다.

미래 환경변화에 대응하기 위해 해외에서는 독일 추가자격, 일본 4차 산업혁명 기술습득강좌 인정제도, 싱가포르 Skills Future Series 등이 운영되고 있다. 이 중 대한민국형 추가자격과 관련된 대표적인 사례인 독일의 추가자격제도는 직업훈련규정의 신설이 새로운 직업 및 자격을 신설하는데 약 4년이라는 시간이 소요됨에 따라, 자격의 경직성을 보완하기 위한 자격제도로 운영되고 있다.

독일, 일본의 미래 산업기술 환경 변화 대응사례

독일의 추가자격(Zusatzqualifikation)은 도제직업훈련 이수 도중 혹은 이수 직후에 직업훈련규정에 기반한 공식적 자격교육 외의 교육훈련을 이수하고, 일정한 시험을 통과해 취득하는 부수적 자격을 의미한다. 추가자격은 기존 자격보다 개발 절차가 간소하며 자격의 크기, 범위, 수준을 다양하게 설정할 수 있다는 특징이 있고, 민간 단계에서 운영되는 '일반 추가자격'과 국가차원에서 규정한 '규정화된 추가자격'으로 구분되어 운영되고 있다.

일반 추가자격은 2019년을 기준으로 BIBB(Bundesinstitut für Berufsbildung, 직업 교육 연방 연구소)의 'AusbildungPlus(TrainingPlus) 프로젝트'에 총 13개 분야 2,018개 자격이 운영되는 것으로 제시되고 있다. 또한 규정화된 추가자격은 4차 산업혁명에 따른 디지털화 추가자격 개정 지원이 이루어짐에 따라 BIBB가 제공하는 직업훈련규정상에 명시된 추가자격을 의미한다. 규정화된 추가자격은 법률상 명시되는 추가자격이다. 우리나라로 치면 국가기술자격에 추가로 덧붙여 운영되는 부수적인 자격 형태에 해당되는 유형으로, 2019년 기준 플랜트 메카닉기술자 등 11개 직종에 대한 7개 추가자격이 개발되어 있다.

규정화된 추가자격의 운영은 독일상공회의소(DIHK)가 BIBB의 연방직업훈련규정 개발에 관여하고, 지역단위 상공회의소(IHK)가 자격 검정, 채점, 합격자 관리 및 자격증 발급 등의 역할을 수행한다. 또한 문항 출제는 상공회의소의 중앙 시험출제기관인 PAL이 담당하며, 지역단위 IHK는 자격 검정 및 시행, 자격증 발급 등의 업무를 수행하고 있다.

한편, 일본은 독일과 달리 자격 단위보다는 교육훈련 단위로 접근해 4차 산업혁명과 관련된 신기술 습득 여부를 정부에서 인정하는 제도를 운영하고 있다. 일본 경제산업성에서는 4차 산업혁명 대비 신기술 분야 인력양성을 위해 교육훈련기관 및 과정 활성화를 추구하는 '4차 산업혁명 기술습득 강좌인정제도'를 실시하고 있다. 경제산업성이 인정하는 신기술 습늑 강좌인성 유효기간은 3년으로 크게 교육훈련 내용과 교육훈련 사업자에 대한 인정기준을 수립해 평가를 실시하고 있다. 2019년을 기준으로 총 4회의 강좌인정을 실시했으며, 총 67개의 강좌가 인정되었다.

대한민국형 추가자격 운영 방안

4차 산업혁명을 비롯한 미래 사회환경 변화와 독일과 일본의 사례를 통해 우리나라의 경우에도 대한민국형 추가자격을 운영할 필요가 있으며, 이를 위해서는 다음과 같은 사항에 대한 고려가 필요하다.

첫째, 대한민국형 추가자격의 개념은 기존 국가기술자격 보유자에 대해 해당 자격 직무수행능력에 융합될 수 있는 신기술 역량을 일정한 기준의 교육훈련 및 평가를 통해 하나의 자격으로 인정하는 자격이라 정의할 필요가 있다. 자격 종목 측면에서 4차 산업혁명 등 미래 산업 환경 변화에 따라 요구된다. 신기술 분야를 중심으로 기존 국가기술자격 종목과 구분되는 종목의 신설이 요구된다. 취득 방식은 교육훈련을 이수한 이후 내부 또는 외부평가를 통해 취득하도록 할 필요가 있다.

둘째, 대한민국형 추가자격의 운영 모델은 종목의 신설 단계에서 기존 국가기술자격 종목과 차별화하고, 교육훈련 개발, 심사 및 운영, 외부평가, 자격증 발급 등의 순으로 운영할 필요가 있다. 즉 산업·인력 전망 분석, 현장 수요 확인, 종목 선정, 교육훈련기준 수립, 종목 확정, 법령 개정 등의 절차를 통해 기존 국가기술자격 종목 신설 절차와 차별화하고, 추가자격 종목의 운영은 교육훈련기준에 따른 교육훈련과정을 심사·운영·모니터링하고, 외부평가를 통해 자격증을 발급하는 형태로 실시할 필요가 있다.

셋째, 대한민국형 추가자격의 대상 종목 및 분야는 국가인적자원개발 부합도, 기술인력수요, 자격설계 적정성 등 3개 항목을 고려할 필요가 있다. 특히 해외 사례 벤치마킹을 통해 스마트 팩토리, 사물인터넷, 인공지능, 스마트시티, 유전

자편집/분석, 클라우드, 실감형 콘텐츠, 지능형 교통, 디지털 포렌식, 핀테크 등 10개 유망 신기술 분야를 우선적으로 시범 도입할 필요가 있다.

넷째, 대한민국형 추자자격의 교육훈련과정 인정은 평가형태에 따라 다음 세 가지 방안을 검토할 필요가 있다. ①교육훈련 이수 결과에 수료 기준을 적용해 단순 수료 결과로 수료자의 추가 역량을 인정하는 방안 검토 ②교육훈련 수료자에 대해 별도의 평가를 실시해 자격의 형태로 수료자의 추가 역량을 인정하는 방안 검토 ③교육훈련생에 대한 성과 평가는 교육훈련기관이 실시하되, 자격검정기관이 이에 대한 품질관리를 실시하는 방안을 검토할 수 있다.

다섯째, 대한민국형 추가자격의 교육훈련 선이수 인정은 과정 이수 이전 능력단위를 선이수한 경우는 크게 교육훈련과 자격을 통해 선이수한 경우로 구분되며, 선이수 결과의 인정은 능력단위 보증성, 능력단위 일치성, 선이수 수준 동질성 등 3개 조건을 충족하는 경우에 면제하는 것을 검토할 필요가 있다.

여섯째, 대한민국형 추가자격의 운영은 한국산업인력공단 등 자격기관이 추가 자격 종목을 설정해 교육훈련과정 기준을 수립하고, 이 기준에 따라 교육훈련기관이 교육훈련과정을 개발한 후 인정받아 모자격 기취득자를 모집해 교육훈련과정을 운영하는 형태로 운영하는 것을 고려할 필요가 있다.

이상의 대한민국형 추가자격의 도입 및 운영방안에 대한 검토를 통해 기존 국가기술자격의 경직성을 보완하고, 4차 산업혁명에 따른 새로운 기술을 검정할 수 있는 새로운 자격제도의 도입이 요구되는 시점이라고 할 수 있다.

국가의 미래, 직무·역량에서 찾는다

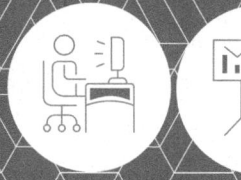    

Part 03

기업·채용

기업활용
60 _ NCS 어떻게 활용할 것인가?

대기업활용
64 _ 두산인프라코어 기술직 직무역량체계 진단

채용
68 _ NCS 기반 능력중심 잡매칭시스템 개발
72 _ 코피티션(Co-petition) 관점의 직무능력중심 채용 적용 사례
76 _ 다양한 시뮬레이션 기법을 활용한 능력중심 채용 사례

기업활용

NCS 어떻게 활용할 것인가?

박환수 정보기술·사업관리 ISC 사무총장

직무역량체계 도입을 지원할 수 있는 가장 좋은 수단

SW산업 대표 기업 중 하나인 LG CNS는 직무역량체계를 연초 전격 도입할 것을 공지했다. 직원들의 직무역량 레벨을 평가해 연봉 산정에 반영하겠다는 것이다. 올해부터는 연봉 인상률 산정 시 50%를 반영하고 2021년부터는 100% 적용할 계획이다. 연공서열 및 직급과 무관하게 직무역량에 따른 보상체계를 도입하는 파격적 시도이다. 이러한 시도를 하는 기업은 LG CNS만이 아니다. KTDS는 몇 년 전부터 직무역량체계 적용을 확대하고 있다. 직무역량체계를 통해 5단계의 역량 레벨을 부여하고, 높은 레벨을 취득한 직원에게는 추가 수당을 지급하는 등 다양한 인센티브를 주고 있다. 삼성SDS, 대우정보시스템 등 SW산업을 리딩하는 많은 기업들이 직무역량체계를 일부 도입하고 있거나 도입을 위한 연구를 추진하고 있다. SW기업들이 이렇게 직무역량체계 도입을 시도하는 이유는 임직원의 역량이 곧바로 기업의 경쟁력으로 연결되기 때문이다.

> **직무역량체계 도입까지의 단계**
> ① 표준 직무 도출 단계: 임직원들이 하고 있는 일을 유형별로 분류하고, 임직원들의 합의 과정을 거쳐 표준 직무 및 명칭을 도출하는 단계
> ② 직무역량 정의 단계: 역량 수준의 단계를 정하고, 각 직무 역량 수준별 필요 역량을 도출하는 단계. 각 직무별 사내 최고 전문가들이 모여 설정
> ③ 직무역량 육성체계 구축 단계: 직무역량을 향상시키기 위한 교육·훈련 이수 체계 및 필수 직무 활동(경험)을 설정하는 단계
> ④ 평가 및 보상체계 수립 단계: 직무역량을 평가하는 기준을 제시하고 평가 절차 및 보상체계를 수립하는 단계. 전 임직원의 동의를 구하는 등 가장 어려운 단계로 객관성, 공정성, 적합성 등의 확보와 함께 조직문화의 변화 관리가 치밀하게 기획되고 실행되어야 비로소 직무역량체계가 도입될 수 있다.

한 기업이 직무역량체계를 도입하기 위해서는 CEO의 강력한 의지와 함께 직무분석, 평가체계, 보상체계 수립 등 많은 시간과 비용투자가 필수적이다. 더욱이 직무분석 및 평가체계 설계를 위해 회사 내의 각 직무별 최고 전문가들의 참여가 필수적인데, 이런 인재들은 진행하고 있는 프로젝트에서 핵심 역할을 수행하고 있으므로 직무역량체계 적용을 위한 팀 구성 조차도 어렵다. SW산업은 사람이 전부라 할 정도로 인재관리가 가장 중요하다는 것은 사업을 하는 사람은 모두가 동의하는 바이다. 대부분의 SW기업들은 능력중심 인사관리체계 도입 필요성을 절감하고 있으나, 초우량 대기업도 어려운 일을 중소기업이 추진하기에는 너무 버거운 일이다.

NCS는 인재를 중요시 하는 기업에게 적은 비용으로 좀 더 쉽고 빠르게 직무역량체계의 도입을 지원할 수 있는 가장 좋은 수단이다. NCS 구성 체계를 보면, 각각의 산업에서 필요로 하는 직무별 필요 역량을 지식, 기술, 태도로 나누어 '능력단위'라는 개념으로 표준화해 정리하고, 각 능력단위별 평가 지침도 개발되어 있다. 활용패키지를 통해 경력개발경로, 직무기술서, 채용·배치·승진 체크

리스트와 훈련기준, 출제기준 등 기업에서 직무역량체계 도입을 위한 연구 중 보상체계를 제외한 전 부분에서 참조할 수 있는 내용을 담고 있다. 또한 NCS는 국가표준이므로 기업에서 원하는 인재상을 교육·훈련기관 및 취업 희망자들과 공유할 수 있는 좋은 커뮤니케이션 도구로 기업에서 필요로 하는 인재를 빠르고 쉽게 식별할 수 있도록 해준다.

현장에서 생각하는 NCS

최근 NCS를 적용하기가 너무 어렵다는 이야기가 많이 나오고 있다. 특히 교육·훈련현장에서는 능력단위 레벨이 맞지 않거나 능력단위 개수가 부족해 커리큘럼 구성이 어려운 것 같다. NCS를 기준으로 커리큘럼을 구성하면 기업 수요를 맞출 수 없고, 기업 수요맞춤형 교육훈련 프로그램을 구성하려면 비(非) NCS 과정을 늘려야 한다는 목소리가 커지고 있다. 기업현장에서는 NCS가 무엇인지 잘 알지도 못할뿐더러 관심도 없는 것처럼 보인다. 왜 이런 현상이 벌어지는가? 많은 사람들은 NCS 적용이 너무 '경직적'이라고 지적한다.

여기에서 산업계가 NCS를 개발 할 때 어떤 관점으로 접근했는가를 생각해 볼 필요가 있다. 정보기술·사업관리 ISC에서는 NCS 개발에 앞서 세분류를 SW 개발 단계별로 구분했다. 세분류 별로 능력단위를 도출할 때에는 수행해야 하는 업무 관점으로 10개 내외의 능력단위를 도출했다. 각 기업에서는 선택적으로 활용할 것으로 가정하고 각각의 능력단위에서 해당 업무를 수행하기 위해 필요한 모든 지식과 기술을 도출했다. 활용패키지 부분은 사실 깊은 고민을 하지 못했다. 활용패키지는 직무단위로 만드는 것이 타당한데, 세분류는 직무라고 보기에는 적절치 않다고 생각했기 때문이다. 직무역량을 SW산업계에서 통용될 수 있는 용어로 개념화하고, 그 역량을 발휘함에 있어서 필요로 하는 지식·기술·태도 등을 도출해 표준화하는 과정을 NCS 개발 과정으로 보았다.

기업 내에서는 회사와 임직원 간에 하는 일과 그 일을 수행하기 위해 갖추어야 할 역량이 무엇인지에 대한 공감대를 형성하는 개념으로서, 입사를 희망하는 사람들에게 입사 후 할 일과 입사를 위해 갖추어야 할 역량을 안내하는 수단으로 NCS가 작동할 것을 기대했던 것이다. 이처럼 NCS는 기업현장에서 직무역량체계를 도입할 때 반드시 따라야 하는 지침서로 만든 것이 아니었다. 또한 NCS에서 정의한 지식·기술·태도를 모두 갖추어야 채용할 수 있다는 것도 아니었다.

NCS 버전 II 로의 전환 필요

NCS의 효용성은 기업이 임직원들에게 혹은 취업 희망자에게 우리 회사는 어떤 일을 하는 직무로 구성되었고, 어떤 역량을 필요로 하는지를 얼마나 잘 전달할 수 있으며, 그 상대방이 이해할 수 있는가에 달려 있다고 본다. 그러기 위해서는 NCS가 잘 구성되는 것도 중요하지만, 얼마나 많은 기업들이 표준 직무 명칭을 사용하고, 직무를 설명하는 수단으로 NCS의 능력단위를 활용하는가에 달려있다.

지난 십 수 년간 고용노동부와 한국산업인력공단은 NCS 개발에 심혈을 기울여 왔다. 그 결과 이제는 우리나라 대부분의 산업에서 필요로 하는 직업 능력을 표준 개념으로 표현할 수 있게 되었다. 이제는 신규 개발보다는 변화하는 직업 세계를 탐구하고, 새로운 직무와 변화하는 직무를 발굴해 NCS 능력단위로 이를 설명하는 NCS의 커뮤니케이션 수단 측면에서의 활용도에 관심을 가질 때이다. NCS를 통해 산업현장의 인력 수요 현황 및 변화를 노동시장에 제시하는 'NCS 버전II'로의 전환을 건의하는 바이다.

두산인프라코어 기술직 직무역량체계 진단

심재근 두산인프라코어 기술HRD팀 차장

2014년 NCS 기반 기술직 직무역량체계 구축 프로젝트 시작

두산인프라코어는 구성원의 직무전문성 강화를 위해, 우선적으로 구성원의 능력을 정확히 진단할 수 있는 체계를 마련했다. 2014년 국가직무능력표준원(NCS Center)과의 협약을 통해 'NCS 기반 기술직 직무역량체계 구축'프로젝트를 시작한 것이다. 특히 두산인프라코어는 NCS가 제시하는 스킬 맵(skill map) 방식을 이용했다. 스킬 맵이란 예를 들어 기계가공 분야 인력이라면 신입사원 때는 안전 분야 기초 지식과 도면해독 초급 지식, 고급 인력이 되기 위해서는 특허에 관한 지식을 갖춰야 한다는 구체적인 육성 가이드가 체계적으로 갖춰진 맵을 말한다. 이러한 스킬 맵 방식을 이용해 구성원의 부족한 직무역량을 파악하고, 육성방안을 마련해 사내 최고의 직무전문가를 양성하는 것이 본 프로젝트의 주요 내용이다.

프로젝트의 운영 프로세스를 살펴보면 전사 직무분석을 통해 직무역량 프레임 구축과 역량을 모델링하고, 진단 세트를 설계·검증해 직무역량을 진단한 후 전체적인 직무역량 육성체계를 수립했다. 초반에 진행한 직무역량 프레임 구축은 NCS 분류체계의 위계구조(대분류-중분류-소분류-세분류-능력단위-능력단위요소 등)를 변형해 적용했고, 각 직무는 조직도의 조직 기준이 아닌 기능 및 프로세스 기준으로 당사에 맞게 11개 직무로 분류했다. 진단 세트를 설계 검증하는 단계에서는 사내 각 직무별 전문가(SME: Subject Matter Expert) 50여 명의 참여를 통해 진단 세트를 완성했다. 그리고 진단 레벨은 향후 NCS와의 활용 확장성을 감안해 8단계의 진단 체계로 정의했다.

그런데 실제 기술직 대상의 직무역량 진단은 아쉽게도 회사 경영의 일시적 악화로 인해 진행하지 못하다가, 경영 환경이 나아지면서 2017년에 기술직 전 직원을 대상으로 직무역량 진단을 진행하게 되었다. 진단을 통해 개인의 직무 능력 수준을 숫자로 파악하게 되어 조직 관점에서 당장 육성이 시급한 직무와 조직 및 직급을 파악할 수 있게 되었다. 이를 통해 육성의 방향성을 수립하고, 연도별 전략방향성과 직무특성을 반영한 우선 개발 과정을 선정해 구성원들에게 해당 교육과정을 개설할 수 있게 되었다.

직무역량 진단을 위해서는 시스템 구축이 우선

직무역량을 진단하는 데 있어 실무자 입장에서 중요한 점은 시스템 구축이라고 본다. 사실, 2017년 진단 시 IT시스템의 도움 없이 엑셀로 1,500명이 넘는 인원의 직무역량을 진단했는데, 진단 이후 데이터 취합과 분석에 실무자의 공수가 상당히 필요했던 점. 진단하는 구성원 입장에서도 수기로 진단하는 과정에서 발생하는 진단 오류 발생 가능성이 있었다는 점은 업무효율화와 진단 데이터의 신뢰성 향상 및 진단의 지속 활용성에서 상당한 아쉬움이 남는다.

이에 이듬해인 2018년에는 기술직 직무역량진단 시스템을 사내 IT 부서와 협업해 구축했고, 실제 진단까지 실행했다. 진단시스템 구축의 장점은 사용자 편의성이 증대되고, 맞춤형 기능이 구현되어 진단 값을 취합하고 분석하는데 투입되는 자원을 최소화할 수 있다는 데 있다. 그리고 진단 시 인적 오류를 줄일 수 있어 데이터의 신뢰도가 향상된다는 점도 의미가 있다. 또한, 장기적으로는 진단을 관리하는데 효율성을 확보할 수 있으며, 히스토리도 관리된다는 점은 IT 시스템의 중요한 강점이라고 할 수 있다. 이는 빅데이터를 활용한 경영이 중요시되고 있는 현 시대의 흐름과도 부합한다고 생각한다. 직무역량 진단을 시도하고자 하는 기업이 있다면, 초기부터 IT 시스템 연계를 꼭 염두에 두고 시작하면 좋을 것이다.

직무역량 진단의 활용성

직무역량 진단 세트는 NCS 스킬 맵과 연계해 직무별 교육 체계도를 구성할 수 있게 되었는데, 이 체계도는 사내 기술직 직무교육의 기틀로 활용하고 있다. 특히, 직무별 교육 체계도 및 연간 교육 계획은 매년 〈기술직 인재육성 가이드북〉 형태로 기술직 전 직원에게 제공하고 있어 직무역량 개발에 대한 전사적 관심과 참여를 유도하고 있다. 그리고 직무역량 진단 결과를 토대로 개인별로 상사와의 피드백 미팅을 통해 본인의 역량 향상 계획을 수립하는 활동이 진행되는데, 구성원들은 본인의 역량향상을 위해 주로 사내 학습동아리 제도를 자발적으로 활용하고 있다. 사내 학습동아리가 직무역량 진단을 토대로 활성화되고 있다는 점은 비공식적 학습(Informal learning)이 강조되는 현 기업의 상황에서 상당히 고무적이라고 생각한다. 또한, 직무별로 자격증 취득을 위한 유관 교육 수강비 지원, 자격 수당 지급 등 자격증 취득 지원제도를 운영하고 있어 구성원들은 자격증 취득을 통한 개인별 직무역량 향상에도 매진하고 있다.

그리고 직무역량 진단은 사내에서 구성원 육성 외에도 사내 최고 수준의 직무 전문가인 마이스터를 선정하는 기준으로도 활용하고 있다. 8단계의 진단 체계에서 상위 숫자가 높은 역량을 나타낸다. 기본적으로 사내 마이스터가 되기 위해서는 해당 직무의 Level 7 또는 8을 달성해야 한다. 마이스터는 특정 직무에 종사하는 전문 기술자를 대상으로 부여하는 기술직 최고의 영예로서, 업계 최고 수준의 기술력을 갖춘 것을 인정받고 사내 기술직의 롤 모델로 자리를 잡아가고 있다. 사내 마이스터 육성 이후에는 대한민국 명장으로 성장할 수 있는 프로그램도 체계적으로 운영하고 있다. 향후에는 직무역량 진단 데이터를 사용해 개인의 CDP(Career Development Plan) 관점에서 경력로드맵을 제공하고, 개인의 인력 배치와 이동에도 활용하는 방안도 고려 중에 있다.

기업의 경쟁력 강화로 이어진 NCS 기반 직무역량체계 진단

NCS 기반 직무역량체계 진단이 두산인프라코어에 자리 잡은 지 5년이 넘어가면서, 직무역량의 객관적 진단과 육성에 대한 전사적인 관심과 이해도도 높아지고 있다. 이런 인식의 개선과 성장을 중시하는 문화의 자리매김이 결국은 기업의 근원적 경쟁력 강화로 이어지는 것은 당연한 귀결일 것이다.

NCS 기반 직무역량체계 도입의 성공은 성장과 학습을 중시하는 기업의 우수한 문화와 이를 주관하는 부서의 지속적인 열정 그리고 NCS의 전문적인 지원이라는 3박자가 갖춰져야 이뤄질 수 있다고 생각한다. NCS를 현장에 도입하는 기업들의 활발한 참여를 기대해 본다.

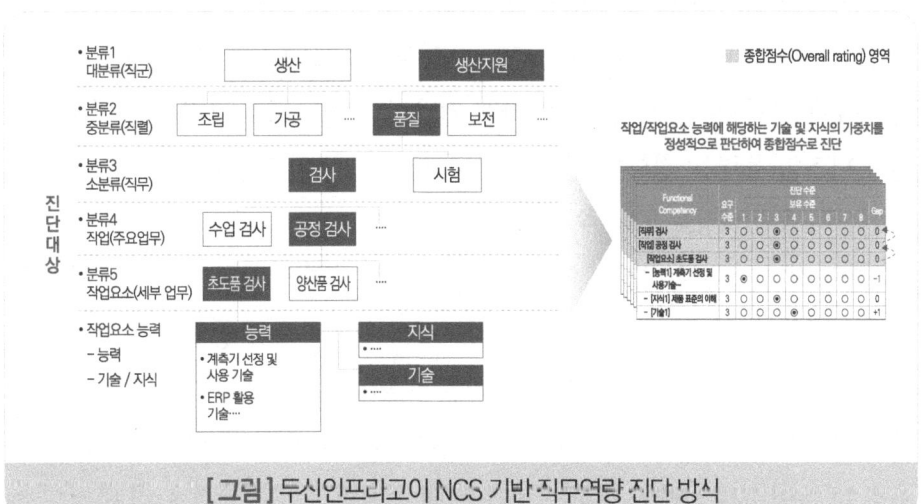

[그림] 두산인프라코어 NCS 기반 직무역량 진단 방식

NCS 기반 능력중심 잡매칭시스템 개발

유기원 마이클컴퍼니 대표

구인·구직자 간 수요공급 불균형

취업문제는 이제 최근 한두 해에 한해서 회자되고 것이 아니다. 취업 후에도 "원하는 업무가 아니었다" "생각과는 다르다"라는 등의 이유로 많은 이들이 퇴사한다는 이야기를 접할 때마다 구인·구직자 간 수요공급 불균형은 쉽게 해결될 문제가 아닌 것 같다는 생각을 하게 된다. 무엇보다도 대부분의 구직자는 자신의 니즈와 능력을 정확하게 알지 못하고 있고, 구인자는 구직자의 직무능력을 판단하기에는 정보가 너무 부족하다.

구인구직 시장에서 직장의 안정성, 높은 연봉, 사회적 지위 등을 중요시 하는 것을 부인할 수 없다. 하지만 개인 프라이버시나 가정중심 생활패턴, 다양한 욕구와 니즈가 점점 세분화되는 현상 등과 맞물려 좋은 조건을 제시하는 회사를 마다하고 가정과 가까운 직장에서 일하거나, 선배가 많은 중소기업에 입사하는 사례 등 구인구직 시장의 변화를 바라볼 때 수요공급의 불균형을 어느 정도 해소할 수 있는 방안을 찾을 수 있을 것 같다는 생각을 하게 된다.

현재 많은 사람에게 사랑받고 있는 모바일 택시호출시스템(카카오택시 등)은 수요-공급자 간 니즈를 매칭해 불균형을 해소한 주요 사례라 할 수 있다. 주요 성공요인으로 ①목적의 명확성 ②정보의 투명성 ③모바일을 통한 운영의 효율성을 고려할 수 있을 것이다. 이러한 성공요인을 고려한다면 구인구직 시장의 불균형적 수요공급현상을 어느 정도 해결할 수 있을 것이라고 생각된다.

[표] 모바일 택시호출시스템의 성공요인

1. 목적의 명확성	탑승객과 운전자 모두 목적지가 같을 때 택시 운행이 가능하다.
2. 정보의 투명성	공신력 있는 기관이 회사, 운전자 및 차량정보를 인증하고, 탑승객과 운전자가 운행경로, 요금, 운행시간 등 정보를 탑승자에게 공개하고 평가받는다.
3. 모바일을 통한 운영의 효율성	모바일을 통해 가장 가까운 탑승객과 운전자를 매칭함으로서 탑승객은 승차시간을, 택시는 공회전을 줄일 수 있다.

잡매칭과 NCS

현재 구인-구직자는 일방적으로 제공되는 자기소개서, 이력서 및 홈페이지 등을 통해 상호간에 정보를 습득하고 있다. 그러나 제공되는 정보는 구인-구직자가 원하는 목적을 달성하기에는 정보의 투명성과 정확성이 부족하기 때문에 구인-구직 시장의 수요공급의 문제를 심화시키는 원인이 되기도 한다. 따라서 직무능력에 대한 정보를 표준화한 NCS를 활용한다면 투명하고 정확한 정보를 상호공유 할 수 있게 되어 구인-구직자 간 수요공급의 불균형 문제를 어느 정도 완화시킬 수 있을 것이며, 활발한 잡매칭이 이루어질 수 있을 것이다.

NCS 기반 잡매칭시스템

NCS 기반 잡매칭은 시스템(System)을 활용해 두 가지 모델로 운영될 수 있다. 〈그림 1〉은 다수의 구직자(개인, 학교), 구인자(기업, 해외기업), 직무전문가

에게 시스템을 제공해 NCS의 다양한 정보(능력단위, 능력단위 요소, 자격) 등을 선택하게 함으로써 잡매칭이 이뤄지는 방식이다. 구인자-구직자-직무전문가는 시스템 내에서 상호능력과 정보 등을 확인하고 상담 등의 활동을 통해 구인구직의 가능성을 높일 수 있다. 이에 더해 외국에서 운영되고 있는 NCS 체계와 연계한다면 구인구직의 가능성은 더욱 높아질 것이다.

〈그림 2〉는 〈그림 1〉과 같은 체계로 운영되지만 공신력 있는 기관이 인증·관리하고, AI나 챗봇 등을 활용한다는 점에서 차이가 있다. 공신력 있는 기관이 구인자-구직자가 제공한 정보를 인증함으로써 상호간의 불안감을 해소할 수 있으며, 지속적인 질관리를 통해 정보에 대한 신뢰성을 높일 수 있다. 또한 AI와 챗봇 등의 기술은 구인자-구직자 능력과 정보를 수집해 잡매칭의 정확도를 높이

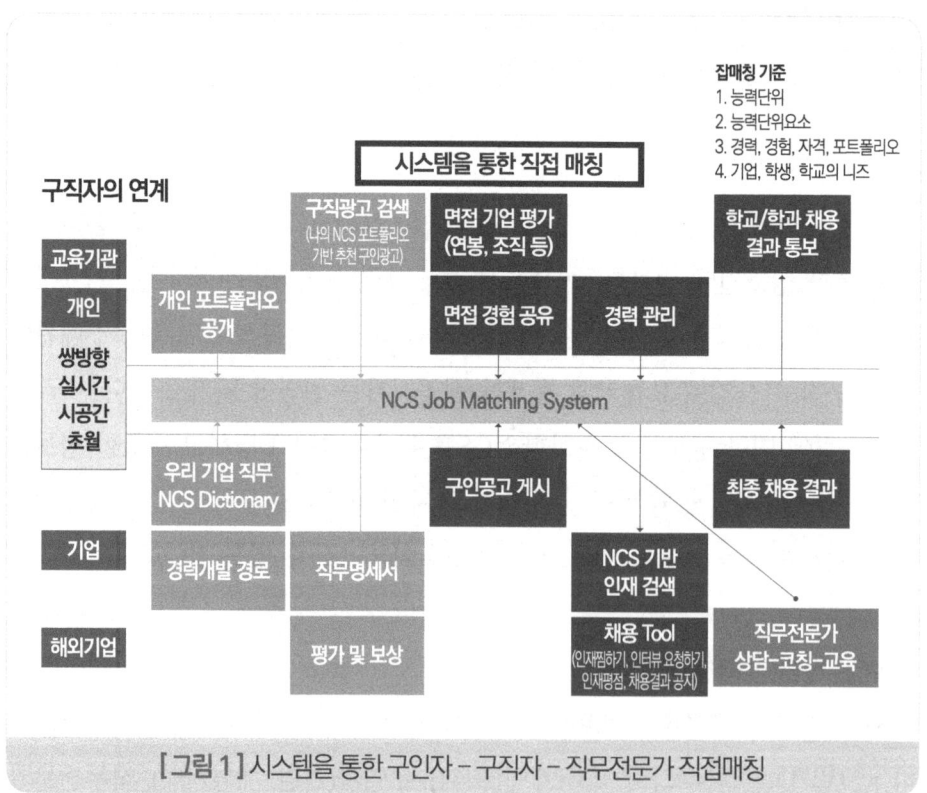

[그림 1] 시스템을 통한 구인자 – 구직자 – 직무전문가 직접매칭

국가의 미래, 직무·역량에서 찾는다

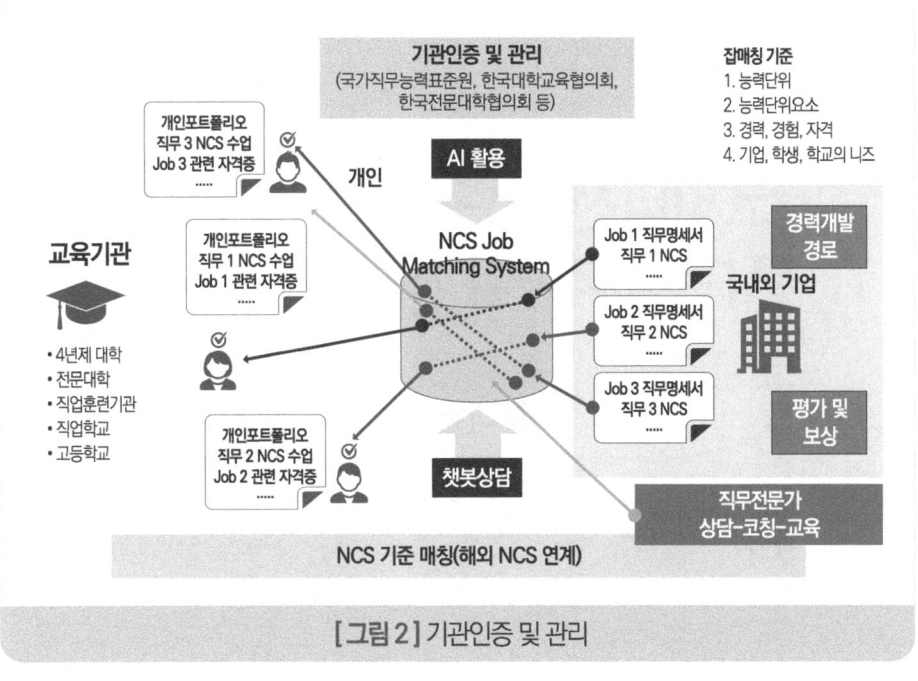

[그림 2] 기관인증 및 관리

고 분석된 정보를 제공할 수 있다.

모바일을 활용한 잡매칭

NCS 기반 잡매칭은 모바일에 기반한 능력중심의 매칭이 이루어져야 한다. 구인자와 구직자는 모바일을 통해 NCS에서 제공하고 있는 정보(능력단위 등)를 활용해 실시간으로 잡매칭 정보를 확인 할 수 있다. 또한 능력의 매칭률 등을 확인해 잡매칭률이 높은 경우 상호 합의 하에 면접 등을 진행할 수 있어 구인구직에 소모되는 기본적인 시간과 노력을 줄일 수 있다.

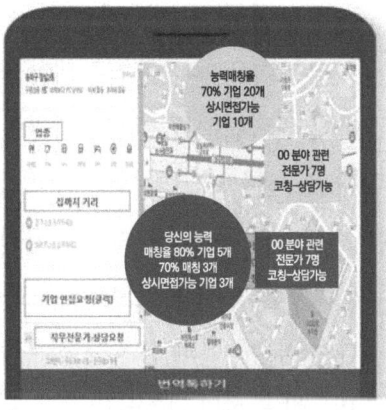

71

코피티션(Co-petition) 관점의 직무능력중심 채용 적용 사례

김대환 한국연구재단 인재경영팀 선임연구원

직무능력 일치성 검증을 위한 코피티션 관점의 다차원평가 도입

능력중심 블라인드 채용은 불합리한 편견요소를 제외하고 직무능력으로만 인재를 선발하는 채용방식이다. 사회적 비용 감소 효과 및 채용의 공정성 강화, 균등한 기회 제공이라는 장점도 있지만, 취업준비생의 입장에서는 본인의 직무능력에 적합한 소수의 기업에 집중해야 하는 부담감이 있고, 기업의 입장에서는 직무능력을 제대로 검증해야 하는 의무감 및 부담감이 생겨날 것이다.

이에 위탁집행형 준정부기관인 한국연구재단에서는 직무능력 검증 강화를 위해 2014년 학교명, 학점, 자격증, 어학점수 등 채용에 관련된 스펙을 보지 않는 스펙초월 채용제도를 도입했다. 이후 한국산업인력공단의 컨설팅을 통해 직무능력중심의 채용시스템 고도화를 진행했고 2017년부터 한국연구재단이 요구하는 직무능력과 응시자 직무능력의 일치성을 검증하기 위해 '코피티션(Co-petition) 관점의 다차원평가'를 도입하게 되었다.

코피티션은 협동(cooperation)과 경쟁(competition)의 합성어로 기업 간 극단적인 경쟁에서부터 야기될 수 있는 위험요소들을 최소화하고 자원의 공용화, 공동연구 등의 협력을 통해 서로 Win-Win하자는 비즈니스 개념이다. NCS 직무중심의 공정채용을 추구하는 목표 아래 협력을 통한 상호 간의 직무역량을 증가시키고 한정된 자원과 시간 내 자신의 직무역량을 표출(검증)할 수 있는 기회를 제공하는데 그 의의가 있으며, 구조화된 면접도구를 적극적으로 활용해 재단의 맞춤형 인재를 선발하고자 하는데 목적이 있다.

코피티션 관점 다차원평가의 구체적인 프로그램은 4단계로 구분되어진다. 첫 번째 프로그램은 정보능력 검증을 위한 컴퓨터 활용 점검이다. 이는 컴퓨터 활용에 필요한 자격증을 받지 않는 관계로 업무와 관련된 정보를 수집하고, 분석해 의미 있는 정보를 찾아내어 업무 수행에 정보를 활용하는 능력을 검증하는데 의의가 있다. 특이점은 정보능력을 바탕으로 한 문제해결능력을 점검하는 관계로 평가 당락에 영향을 미치지 않고 추후 최종면접 시 참고용으로만 활용하는 특성이 있다.

두 번째 프로그램은 팀협동 과제다. 특정 주제를 제시하고 구조물을 제작하는 방법으로 자원관리, 의사소통, 자기개발, 대인관계를 중점적으로 검증하는 프로그램이다. 이를 검증하기 위해 완성된 구조물을 평가하는 게 아니라, 그룹별 5명 내외로 편성된 응시자의 설계도 및 구조물 제작 과정에 있어서 태도, 협동심, 문제해결능력에 대해 구조화된 평가도구를 활용해 검증하는데 의의가 있다. 아울러, 평가자도 구조물 제작과정에 적극적으로 참여해 응시자들과 자유로운 의견교환을 통해 응시자들의 직무능력이 최대한 표출될 수 있도록 하고 있다.

세 번째 프로그램은 집단토론이다. 의사소통, 조직이해, 자기개발을 검증하기 위해 응시자별 찬성그룹과 반대그룹으로 각각 2회씩 참여해 발표 및 주장에 논리성을 가지고 있는지와 개인적인 비판 또는 부정적인 피드백을 받더라도 침착하게 현황을 파악하는지를 검증하는 프로그램이다.

네 번째 프로그램은 기획보고서 작성 및 발표를 통해 자원관리 및 직무능력을 종합적으로 검증하는 단계다. 발표주제에 대해 다각도로 분석할 수 있는 능력과 토론 시 타인의 입장을 배려하는 자세도 같이 검증하고 있다.

직무 결과보다는 과정평가를 평가 척도로 구성하는데 의의

코피티션 관점 다차원평가의 공통적인 특성은 응시자의 숨어있는 직무능력을 검증하기 위해 경쟁과 협력을 강조하는데 있다. 이를 통해 창의성과 도전적인 직무역량을 발휘할 기회를 제공하고 직무의 결과보다는 과정평가를 통해 태도, 표현력, 전달력, 자원관리능력 등을 중요한 평가 척도로 구성하는데 의의가 있다.

또한 평가자의 역할부분에서는 응시자가 적극적으로 평가에 참여할 수 있도록 유도해 수용적 태도를 강조하고 평가자가 올바르게 평가할 수 있도록 별도의 평정자를 두는데 있다. 평정자는 직접적으로 평가에 참여하지 않고 지속적인 관찰을 통해 객관적인 평가를 할 수 있도록 조력자 역할을 하고, 평가자의 투사오류를 극복할 수 있도록 객관적인 행동관찰 자료를 제공하는 특성이 있다.

숨겨진 직무역량을 검증하는 다양한 방법론 제시 필요

적극적인 직무능력중심의 채용방식 도입에 따라 한국연구재단의 경우 과거 구조화된 면접도구를 활용하기가 어려웠으나 다차원 프로그램 도입을 통해 미래성과를 예측할 수 있는 경험면접과 실제행동을 관찰할 수 있는 상황면접과 문제해결력을 검증할 수 있는 발표면접에서 구조화된 면접도구 및 평가척도를 활용할 수 있었다. 이를 통해 서류 및 필기전형에서 검증하기 힘들었던 자기개발과 직업윤리까지 검증할 수 있었다. 또한 별도의 인성검사를 폐지한 이후 다차원 프로그램을 통해 평가자의 상황부여에 따른 응시자의 행동관찰을 통해 인성까지 검증할 수 있어 시뮬레이션 면접의 장점을 극대화할 수 있었다.

이는 구조화된 면접도구를 적극적으로 활용함으로써 평가의 공정성과 타당성을 높이고, 별도의 평정자를 통해 응시자의 감춰진 직무역량을 표출하도록 관찰함으로써 평가자가 조직 및 직무적합성을 평가하는데 집중할 수 있는 게 특징이라고 할 수 있다.

끝으로 협동과 경쟁을 통해 응시자의 숨겨진 직무역량을 검증하는 다양한 방법론이 제시될 필요가 있다. 과거경험을 기반으로 한 미래의 행동을 예측할 수 있는 판단 기준, 조직에 적합한 인재상의 적용 기준 등에 대해서 채용계획 수립부터 면밀한 사전검토가 수반되어야 할 것으로 사료된다.

다양한 시뮬레이션 기법을 활용한 능력중심 채용 사례

김대식 아주캐피탈 차장

평가센터 방식 모델 기반 아주캐피탈 역량개발 워크숍 프로세스 도입

아주캐피탈은 급변하는 금융환경 속에서 최고의 경쟁력 확보를 위해 우수 인재 채용에 많은 관심과 노력을 기울이고 있다. 특히 회사에 필요한 우수 인재를 채용하기 위해 기존 채용프로세스를 ①기존 프로세스보다 높은 타당도 확보 ②평가결과에 상관없이 지원자 모두에게 긍정적인 평가 경험 제공 ③입사 후 평가결과를 연계해 활용하는 등 세 가지 관점에서 재점검했다. 이를 위해 내부적으로 열띤 논의를 거쳐 평가센터(Assesment Center)방식 모델을 기반으로 한 '아주캐피탈 역량개발 워크숍'프로세스 도입을 결정했다. 역량개발 워크숍은 세 가지 측면에서 성공적이었다고 평가하고 있다. 첫째, 〈그림 1〉과 같이 피평가자, 평가자 및 회사 모두 만족도가 매우 높았다. 둘째, 피평가자 설문 피드백에 평가 공정성이 매우 높았고 평가결과에 대해서도 신뢰할 수 있겠다는 의견이 다수였다. 셋째, 기존대비 신입사원 퇴사율이 1년차(12.5% → 3.8%), 2년차(31.3% → 15.4%)에서 모두 낮게 조사되었다.

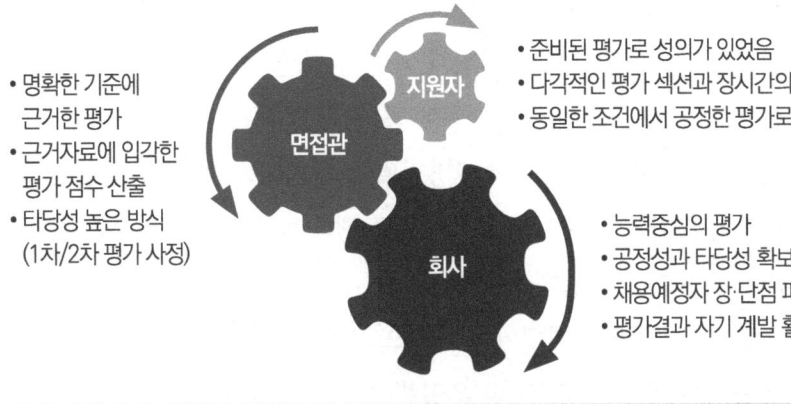

[그림 1] 역량개발 워크숍 피드백 결과

성공적인 역량개발 워크숍 운영을 위해 사전에 세밀한 워크숍 설계와 내부 평가자(Assessor)훈련에 많은 노력을 기울였다. 먼저 워크숍 설계 시 세 가지에 주안점을 두었다. 첫째, 기존의 검증된 시뮬레이션 과제를 활용해 타당도를 확보하고자 했다. 둘째, 면접관의 주관적 편견을 최소화하기 위해 행동중심평가가 이루어질 수 있도록 평가자를 훈련했다. 셋째, 객관성과 공정성을 높이기 위해 〈표 1〉과 같이 모의 과제별 역량 중복 검증 구조로 설계했다.

[표 1] 모의 과제별 역량 중복 검증 구조

역량/기법	서류함 기법(IB)	집단토론 기법(GD)	발표 기법(PT)	역할연기 기법(RP)	직무지식Test
분석적 사고	●		●		
문제진단 및 해결	●		●		
고객지향 마인드		●		●	
성과지향	●		●		
커뮤니케이션		●		●	
협상 및 교섭력		●		●	
선분시식					●

77

사전 평가자 양성 과정은 〈표 2〉와 같은 스케줄과 내용으로 진행되었다. 평가자 양성 과정은 각 과제에 대한 설명과 과제 수행 실습 및 평가 실습을 구분해 진행했다. 그리고 내부 평가자가 행동에 근거한 평가를 할 수 있도록 행위기준평가(BARS) 방식을 활용했다. 또한 2명의 복수 평가자가 1개조 6명을 전담하는 구조로 운영해 평가의 일관성을 유지하도록 했다. 이런 전담제 운영은 조내 피평가자 간 상대 평가도 가능하게 했다.

이를 통해 각 과제별로 피평가자 개인의 절대점수와 상대점수가 도출될 수 있었다. 조별평가 섹션은 총 두 번 운영했다. 시뮬레이션이 종료된 후, 조별 평가자들이 각자 작성한 자신의 평가메모 〈표 3〉을 기반으로 평가결과를 공유하고 이견을 조율해 평가시트 〈표 4〉를 완성하는 1차 평가 섹션. 이후 모든 평가자가 모여 최종 평가 점수를 결정하는 2차 평가 섹션으로 나누어 운영했다. 2차 섹션에서는 평가 근거를 바탕으로 치열한 논의가 진행되어 계획된 시간을 넘겨 진행되었다.

실제 역량개발 워크숍 운영은 〈표 5〉와 같은 일정으로 진행되었다. 프레젠테이션 섹션은 기초 정보를 제공하고, 이를 파악해 자신의 의견을 논리적으로 발

[표2] 평가자 양성 시간표

시간	주요내용(총 6.0h)
9:40 ~ 10:00	집합 및 인원 파악
10:00 ~ 11:00	역량의 의미와 중요성(1.0h)
11:00 ~ 12:00	역량 개발과 평가(1.0h)
12:00 ~ 13:00	중식
13:00 ~ 14:30	발표기법 및 평가 실습(1.5h)
14:30 ~ 16:00	집단토론 기법 및 평가 실습(1.5h)
16:00 ~ 17:00	역할연기 기법 및 평가 실습(1.0h)
17:00 ~ 17:30	과정정리

[표3] 평가메모 실제

2	면담자	• 명확한 대립(단답형) • 회사생활에 대한 제안	• 회사생활에 대한 제안
	팀장	• 직장생활에 대한 이해심 부여 • 직원에 대한 문제점 명확히 명시	• 팀장으로서 본인의 실수 인정 / 차후 재차 이런 문제 발생 시 유의사항 공지 및 의견제시
4	면담자	• 순진한 성격 보유자 / 역할과 노력에 충실	• 명확한 의사전달력 / 본인의 실수 인정
	팀장	• 편안한 분위기 조성 • 직원에 대한 설득력 부여	• 칭찬과 부족한 부분을 명확히 제시 • 추가적인 불만사항 접수
1	면담자	• 본인의 입장에서 의사전달능력 보유 • 칭찬과 본인의 과실을 인정하는 리더자 역량 보유	• 전남지방의 강한 어투가 두드러짐 • 단답형의 대답 및 호불호가 강한 성격
	팀장	• 강한성격 • 내용 설명에 대한 명확한 부연 설명	• 중간에 말을 끊는 습성 보유 • 친근감을 유발하려 노력
6	면담자	• 답변에 대한 단답형의 대답 • 문제에 대한 전달력 부족 / 답답함만 호소	• 의사전달에 대한 문제점 도출
	팀장	• 상급자로서의 의사전달 부족 • 상대박의 이해력 보유	• 상담시 다른 행동으로 혼란 야기 • 하급자 배려하는 듯 하나 진실성 결여
3	면담자	• 내용파악 명확 • 충분한 이해력 / 본인 의사전달의 명확성	• 회사입장과 본인입장 충분히 이해 • 조언을 구함
	팀장	• 직원에 대한 이해력과 설득력 보유 • 본인 입장을 통해 상대방과 공감대 형성	• 예시를 통한 상대방 배려(상대방 장점 부각)
5	면담자	• 역할에 충실 • 사건 결과에 대한 억울함 호소	• 선배들의 조언 부족에 대한 억울함 호소
	팀장	• 직원에 대한 이해력과 기본취지 설명 • 질문요지에 대한 재차 본인 확인	• 상대방의 눈을 마주치지 못함 • 상호 도움을 주려는 마음 동요 긍정적

표하도록 설계했다. 그룹 토의는 임의적인 역할을 부여하고, 역할에 맞게 충실히 토론을 진행하는 역할이 있는 토론과 찬성과 반대로 나누어지는 주제를 두고 본인의 생각을 주장하는 역할이 없는 토론방식 두 가지를 모두 활용했다.

롤플레이 시뮬레이션은 회사 생활에서 실제 선배 사원과 후배 사원 간에 있을 수 있는 상황을 설정해 피평가자들이 상황별로 어떻게 대응해 가는지를 관찰했다. 서류함 기법(In-Basket)은 많은 양의 정보를 검토하면서 유용한 정보를 구분해 문제를 논리적으로 풀어가는 모습을 관찰했다.

[표 4] 평가시트

구분	내용	
역할 있는 GD 기법에 대한 설명	• GD는 Group-Discussion의 줄임말이며 집단토론, 집단토의, 그룹토론 등의 용어로 부르기도 함 • 집단평가의 대표적인 기법 • 설득, 협상, 의사소통, 집단 간 갈등해결 등과 같은 업무 및 관계역량을 평가하기에 적합한 기법 • 메모, 이메일, 신문기사, 이해관계자들 간의 대화 등 다양한 자료들을 시간 내 이해한 후 본인이 할당 받은 입장을 다른 이해관계자들과 토론 형식을 통해 설득이나 협상을 실시함 • 역할 있는 집단 토론 기법은 순발력이나 언변을 배제한 상태에서 GD 역량을 관찰하기에 적합함	
발현행동 및 평가 예시	**고객지향 마인드** 1) 고객 니즈 파악 2) 서비스 제공	• 담당 중인 고객뿐 아니라 다양한 고객 전체의 관점에서 니즈를 고려하며, 표면적으로 드러난 고객의 요구사항 뿐만 아니라 내재된 요구사항까지 함께 인식하여 각 고객에게 알맞은 서비스를 제공	5
			4
		• 중요고객이나 담당 중인 고객 등 일부 고객 군의 니즈에만 치우친 관점을 가져 서비스 제공에 한계가 있음	3
			2
		• 고객의 니즈를 파악 실패로 적절한 서비스를 제공하지 못함	1
	커뮤니케이션 1) 적극적 경청질문 2) 설득적 의사전달	• 자신의 입장만 내세우는 것이 아니라 상대방의 의견을 이해하는 것에도 적극적인 태도를 갖고 있으며, 상호 간의 상황을 고려한 최적의 의사결정을 내려 상대방을 설득함	5
			4
		• 상대방을 이해하려는 노력은 다소 부족하지만, 자신의 입장을 잘 전달할 수 있음	3
			2
		• 본인의 의견을 명확히 전달하지 못하여 설득력이 떨어지고, 상대방의 입장에 대한 배려와 이해도 부족함	1
	협상 및 교섭력 1) 이해관계 인식 2) 조정안 마련 3) 협의 및 조정	• 상대방의 이해관계를 명확히 파악하는 것에 노력을 기울이며 양측의 입장을 고려한 조정안을 제안할 수 있음 • 협상 상대의 새로운 요청에도 적극적으로 대처함	5
			4
		• 양측의 입장을 고려한 조정안을 제안하지만, 상대방의 이해관계를 파악하려는 노력은 다소 부족함	3
			2
		• 양측의 이해관계자에 대한 인식이 부족하여 제안에 그 내용이 반영되지 않음 • 협의나 조정을 위한 노력이 부족함	1

[표5] 운영일정표

시간	1일차	2일차
08:00 ~ 08:10	집합 및 인원파악	
08:10 ~ 09:00	이동 및 OT	2일차 안내
09:00 ~ 10:00		In-Basket(3.0h)
10:00 ~ 11:00	Presentation(2.0h)	
11:00 ~ 12:00		
12:00 ~ 13:00	중식	
13:00 ~ 14:00	Group Discussion(3.0h)	기초직무 지식 Test
14:00 ~ 15:00		과정 마무리 및 전체 F/B
15:00 ~ 16:00		
16:00 ~ 17:00	Role Play(2.5h)	
17:00 ~ 18:00		
18:00 ~ 18:30		
18:30 ~ 19:00	Assessor 미팅	
19:00 ~ 19:30		
19:30 ~ 20:30	석식 및 간담회	
20:30 ~ 21:00	일과 정리 및 휴식	
23:00 ~ 24:00		

기초직무 지식 테스트는 약 6주간 인턴 과정을 수행하면서 학습했던 우리 회사의 직무 지식에 대한 습득 정도를 평가했다.

모든 시뮬레이션 평가가 종료 된 후에는 각 평가결과를 정량화해 〈그림 2〉와 같이 역량평가결과 개별 리포트를 제공했다. 리포트는 평가한 역량에 대한 소개, 각 역량별 개별 점수와 특성에 대한 설명과 레이더 차트를 활용한 점수 비교, 강·단점 및 이를 통한 개발 방향 제시로 구성해 입사 후 경력개발에 활용할 수 있도록 했다. 또한 발령 예정 부서장에게도 제공해 신입직원 육성에 활용할 수 있도록 했다.

평가개요

역량	Comment	점수
분석적 사고	투자계획 수립에 필요한 자료들을 선별하여 근거로 제시하고 그 안에 담긴 내용들의 장단점까지 분석하여 구체적 계획 제안	영역별 개별 점수
문제진단 및 해결	기업이 당면하고 있는 문제를 파악하고 해결방안을 제시하였으나 핵심문제를 놓치고 주어진 자료를 도대로 한 근거를 제시하지 않음	
고객지향 마인드	중요고객이나 담당중인 고객 등 일부 고객 군의 니즈에만 치우친 관점을 가져 서비스 제공에 한계가 있음	
성과지향	전략 달성 과정의 구체적 세부목표를 수립했으나 목표와 내용, 과정 간 연관성이 적음	
커뮤니케이션	자신의 입장만 내세우는 것이 아니라 상대방의 의견을 이해하는 것에도 적극적인 태도를 갖고 있으며, 상호간의 상황을 고려한 최적의 의사결정을 내려 상대방을 설득함	
협상 및 교섭력	양측의 입장을 고려한 조정안을 제안하지만, 상대방의 이해관계를 파악하려는 노력은 다소 부족함	

[그림 2] 개별 리포트

시뮬레이션 기법 활용 채용 방법 지속적인 보완 필요

다양한 시뮬레이션 기법을 활용한 역량개발 워크숍은 직무능력중심 기반 채용에 많은 기여를 했다. 사전에 평가자에게 피평가자에 대한 어떤 정보도 제공하지 않은 상태로 피평가자들이 과제를 수행하는 행동만을 관찰하고, 기준에 따른 평가를 수행함으로써 공정성과 평가 수용성이 높았다. 그리고 타당도가 검증된 방식을 활용하고 평가결과를 피드백함으로써 채용예정자 스스로 경력

개발 계획을 수립하는데 도움을 주었다.

    시뮬레이션 기법을 활용한 채용 방법은 다양한 긍정적 성과와 더불어 몇 가지 과제를 남겼다. 좋은 방법임에도 불구하고 많은 시간과 자원이 투입되기 때문에 운영 효율성을 높이기 위한 끊임없는 고민이 필요하다. 그리고 평가 도구에 대한 타당도 확보를 위한 지속적인 노력이 뒤따라야 한다. 또한 평가결과와 업무성과 간의 상관성을 추적 관찰해야 한다. 마지막으로 평가결과를 반영해 자기 계발을 지속해 나갈 수 있도록 조직차원의 체계적인 시스템 준비가 필요하다.

국가의 미래, 직무·역량에서 찾는다

Part 04
진로·데이터(DT)

진로

86 _ NCS를 활용한 역량 기반 진로지도방안

데이터(DT)

90 _ NCS와 인공지능의 절묘한 만남
94 _ 잡미스매치 해소를 위한
　　　NCS 직무데이터 기반 AI 활용방안
98 _ NCS 능력단위 인정제도 및 NCS 은행제 구축방안

NCS를 활용한 역량 기반 진로지도방안

이형국 상명대학교 조교수

직무중심 채용과 역량 기반 진로설계

최근 현대자동차를 필두로 대기업들의 신입 정기공채가 축소, 폐지되고 수시채용이 확산되는 채용전형의 변화가 일어나고 있다. 모 취업포털의 기업 대상 설문조사에서도 기업 10곳 중 8곳 이상은 신입 수시채용에 대해 찬성하고 있다. 이는 기존 공채제도가 여러 면에서 우수한 인재를 뽑아 직무를 가르쳐가며 인재를 키워내는 구조가 가지는 일률선발, 일률배치에 의한 직무적합성의 미스매칭과 역량평가의 한계로 인해 발생하는 높은 교육훈련비용 등 단점을 극복할 수 있는 일 중심의 사람 채용을 선호한다는 의미이다.

그래서 이러한 수시채용의 대표적 특징은 바로 직무적합성에 따른 채용이라고 볼 수 있다. 이를 통해 직무에 맞는 적정 인재를 필요한 시기에 수시로 선발함으로서 기업경쟁력을 높이고자하는 당연한 결과라고도 볼 수 있다. 예를 들어, 그 부서에서 새로 맡은 일 때문에 바이럴 마케팅에 대해 아는 사람을 뽑고

싶다든가, 원래 있던 사람이 카웹디자인을 담당했기 때문에 당연히 그 일을 할 사람을 뽑는다든가 하는 식으로 실제 맡게 될 직무에 기반한 니즈가 분명할 것이다.

이처럼 인재선발의 중요한 경향인 직무중심 채용은 지원서 작성부터 필기·면접 전형까지 모든 채용 과정에 걸쳐 지원자의 지식·재능·전문성이 해당 직무에 얼마나 적합한지 검증할 수 있도록 설계되어 있다. 그래서 직무중심의 역량기반 채용에 있어 가장 중요한 부분은 '내가 지원한 직무에 대해 얼마나 이해하고 있는가?'일 것이다.

이 때문에 해당 직무에 대해 실제로 수행하는 업무는 구체적으로 어떤 것들인지 또 해당 업무를 효과적으로 수행하기 위해 필요한 역량은 어떤 것들인지에 대한 기본적인 이해와 준비가 되어있어야 한다. 그러므로 직무중심 채용을 준비하는 취업 준비생은 희망하는 직무의 명확한 이해와 자신의 역량에 대한 이해를 기반으로 한 직무중심의 역량 준비가 필수적이다. 그래서 다양한 직무 정보들을 기반으로 진로를 탐색하고, 명확한 직무 내용에 기반한 선발 기준을 파악해 자신이 어떤 직무에 적합한지 판단함으로써 경쟁력을 높이는 역량 기반 진로설계가 절실하다.

직무중심의 역량 기반 진로설계의 현실적인 고민

고교생이든 대학생이든 마지막 사회화 과정에 다다른 사회진출 준비생들은 이제 자신의 진로설계와 사회진출 준비과정에서 'School-to-Work-Transitions', 즉 학생 프레임의 진로설계에서 노동시장 프레임의 요구 관점에 맞는 진로설계로 전환해야 한다. 이것이 바로 학과(또는 전공) 중심적 사고에서 직무 중심적 사고로의 전환과 희망직무에 기반한 역량 기반 진로설계와 역량개발이다.

그러나 문제는 자신이 선택 가능한 직무를 잘 모른다는 것이다. 실제 설문소사 결과들에서도 40%가 넘는 취준생들이 직무를 명확히 정하고 구직활동을 하고 있지 않다는 것이다. 한국고용정보원의 대학생 대상 구직지식군 관련 지표에 대한 교육요구도 조사결과 인사담당자들은 전 계열에서 '구직희망 직무 및 산업 분야에 대한 탐색 및 이해'를 가장 중요한 교육요구로 답했으나 학생들은 '외국어, 전공 자격' 등을 교육요구로 답하는 갭이 있었다.

한데, 이러한 문제의 원인을 찾아보면 다양한 원인들이 있겠지만, 근본적으로는 학생들이 직무중심의 진로탐색을 할 수 있는 체계적이고 실제적인 직무 관련 정보를 습득하기가 용이하지 않다는 것이다. 즉, 학생들이 자신의 전공을 기반으로 직접 또는 융합적 준비를 통해 접근 가능한 직무를 탐색하고, 그 가운데 희망하는 직무를 선정해 구체적인 관련 직무자료들을 분석하면서 수행하는 일의 내용이 무엇이며, 자신이 가진 특성과 일치하는지, 요구되는 역량은 무엇이며 준비는 어떻게 해야 하는지, 어떤 요소가 부족한지 등을 파악해 목표로 하는 직무를 선정하고, 필요역량을 개발할 수 있는 계획을 설정하는 역량 기반 진로설계를 해야 하는데 그것이 어렵다는 것이다.

실제로 '취업 성공을 위해 가장 먼저 준비해야 하는 것'에 대해 조사한 결과, 원하는 직무와 정보를 찾는 것이라 응답한 경우가 59.5%로 가장 높았다. 학생들을 만나다 보면 직무와 관련된 이슈는 크게 두 가지이다. 하나는 '아직 뭘 해야 할지 모르겠어요(희망직무가 없어요)'와 '직무정보를 어디서 찾아야 할지 모르겠어요' 라는 고민이다.

이에 기존 학생들이 활용 가능한 직무탐색의 정보원들을 살펴보면 대부분의 직무정보가 분산되어 있고, 산발적이라는 것이 문제이다. 실제로 학생들을 가르칠 때 직무탐색을 위해 산발된 정보들을 단계별로 연결해 6~7군데의 정보원을 종합해서 탐색하라고 말한다. 예를 들어 ①학과 홈페이지를 활용해 전공의 기본적 진로방향 이해 ②취업포털사이트의 채용공고 구분 메뉴(직업, 직종, 직무별)를 활용해 직무구조 이해 ③일부사이트들이 제공해주는 기본적 틀의 직무사전을 활용해 직무별 기본적 업무내용 파악 ④유튜브의 직무안내 동영상을 활용해 개별 직무들의 스토리 파악 ⑤워크넷 직업정보를 활용해 세부정보와 자기 특성과의 적합성 확인 ⑥관심기관이나 기업의 채용사이트를 활용해 기업별로 제공하는 구체적인 직무정보 확인 ⑦기존 대형취업포털사이트가 제공하는 직무인터뷰 정보를 활용해 현실적인 적합성을 명확히 정리해보는 식으로 여러 단계를 거쳐 분산, 산재된 정보들을 종합하도록 지도해야 한다는 사실이다. 이는 일반적인 학생들이 자구적으로 충분한 직무탐색을 통해 필요한 정보들을 습득하고, 이를 기반으로 직무중심의 역량 기반 진로설계를 한다는 것이 구조적으로 너무 어렵다는 것을 보여준다.

고민해결을 위한 열쇠 NCS

이러한 손품을 팔지 않아도 되는 정보가 이미 우리 사회는 가지고 있다는 점을 상기할 필요가 있다. 그것은 바로 오랫동안 공들여 만든 NCS 정보들이다. 단순히 공기업을 지원하고자 하는 학생들의 전유물로 인식되어 있는 이 정보들을 조금만 재가공하면 'NCS 직무기술서'는 직무의 개요정보가 될 것이며, 'NCS 능력단위'는 직무별 세부업무내용 및 요구역량이 될 것이다. 'NCS 학습모듈'은 업무내용에 기반한 역량 준비방법을 안내하는 정보로 탈바꿈할 수 있을 것으로 기대한다.

아울러 최근 워크넷에서 개발한 그래픽화된 직무능력 분류체계 등과 연계해 일반기관이나 기업들의 채용영역과 흐름을 반영해 NCS 직무정보를 제공한다면 취업을 준비하는 청년들은 어렵지 않게 많은 손품을 팔지 않고도 자기주도적으로 직무정보를 탐색하고 분석해 직무중심 채용시대에 요구되는 역량 기반 진로설계의 중요한 정보원으로 그 활용성을 높일 수 있을 것으로 기대한다.

데이터(DT)

NCS와 인공지능의 절묘한 만남

조인성 한국고용정보원 과장

워크넷, AI 기술 활용한 똑똑한 일자리매칭서비스 제공

최근 채용 시장은 스펙중심에서 직무역량중심으로, 대규모 공채에서 부서에서 필요할 때 필요한 인재를 채용하는 소규모 수시채용으로 변화하고 있다. 또한, 사회적 분위기와 인공지능(AI) 기술의 발전으로 채용 분야에 AI 기술을 접목하려는 시도가 나타나고 있다. 이제 채용시장에서 직무역량, AI 채용은 흔한 말이 되었다. 워크넷은 이러한 변화에 대응하고 직무역량중심 채용 문화를 사회 저변으로 확대될 수 있도록 데이터 기반을 구축하고, AI 기술을 활용한 똑똑한 일자리매칭서비스를 제공하고자 한다.

첫 번째로 직무역량을 기반으로 일자리매칭서비스를 제공하기 위해 데이터 기반이자 컴퓨터가 이해할 수 있는 직무 지식으로써 '직무데이터사전'을 개발하고 있다. 직무데이터사전은 NCS, NCS 학습모듈, 학과정보, 자격정보, 훈련정보, 직업정보, 채용공고를 수집하고 직무와 키워드 사이에 연관성을 분석하는 머신러닝 기술(Word Embedding)을 이용해 직무와 지식·기술 키워드, 관련 학과, 관련 자격, 관련 직업, 관련 훈련을 연결한 직무 지식 구조체이다. 현재 워크넷을 통해 시범적으로 직무데이터사전을 공개하고 있다.

직무데이터사전은 채용공고를 지속적으로 수집하고 분석해 기업 현장에 맞는 직무 지식으로 업그레이드될 것이다. 앞으로 직무데이터사전은 노동시장과 교육시장 간 정보를 연결하는 기준이자, 새로운 서비스를 창출하는 촉매제 역할을 하게 될 것이다.

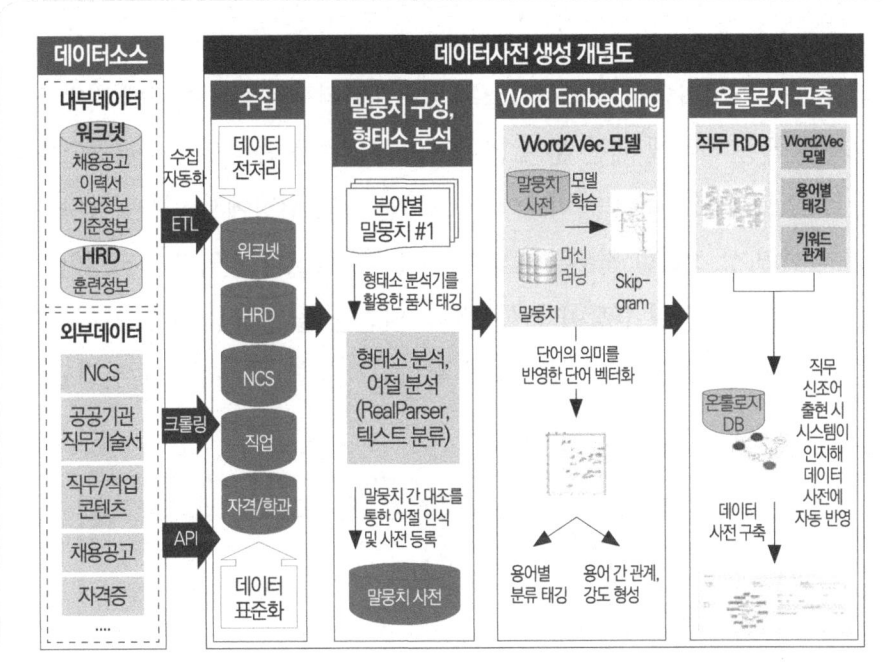

[그림 1] 직무데이터사전 구축 과정

두 번째로 워크넷은 사용자 중심의 더 나은 서비스를 만들기 위해 직무데이터사전과 AI 기술을 십분 활용한 '표준직무기술서 추천서비스'와 'AI 일자리매칭 서비스'를 제공하고자 준비하고 있다.

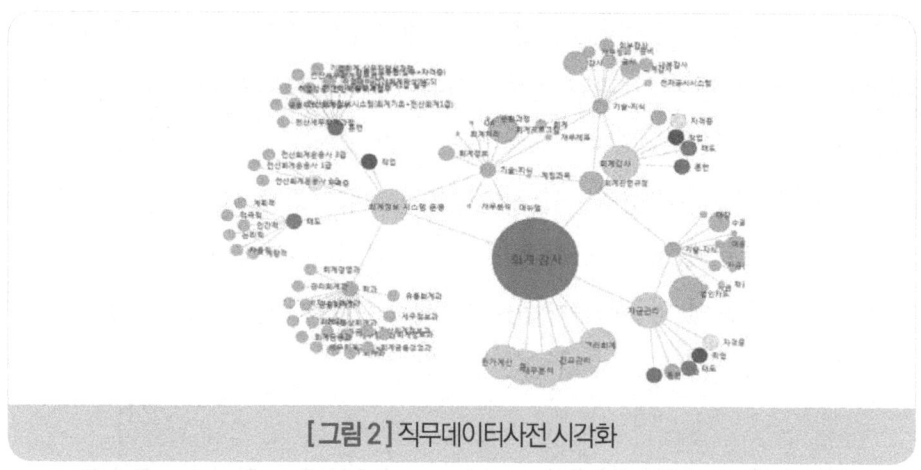

[그림 2] 직무데이터사전 시각화

먼저, 표준직무기술서 추천서비스는 직무데이터사전을 기반으로 기업 인사담당자가 채용 직무에 대한 분석 없이도 직무역량을 중심으로 채용공고를 작성할 수 있도록 도와주는 서비스이다. 그동안 기업 현장에서 인사담당자는 여러 가지 여건 상 정확한 직무분석 없이 유사 채용공고나 전임자가 작성한 채용공고를 참조하고 관련 팀장이나 실무자의 의견을 들어 작성했다. 그래서 대부분의 채용공고가 직무역량을 충분하게 작성되지 못한 채 부실하게 취업포털에

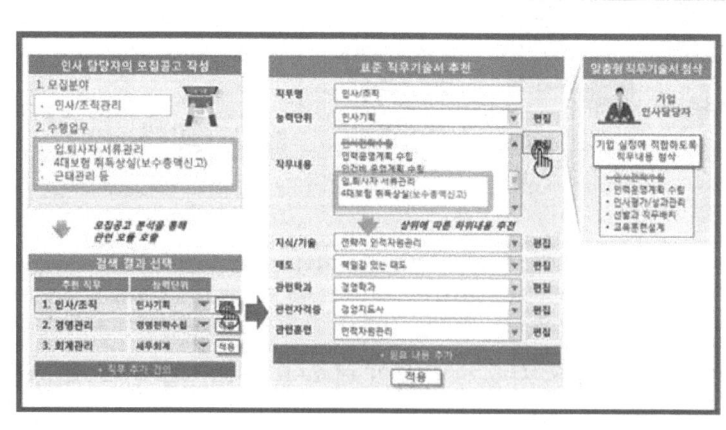

[그림 3] 표준직무기술서 추천서비스 개념도

올라가기가 일쑤였다. 이는 구직자에게 충분한 직무정보를 제공할 수 없게 되고 지원을 망설이게 하는 요소가 되었고, 구인기업은 적합한 인재가 지원하지 않아 채용에 어려움을 겪게 되었다. 이러한 문제를 해결하기 위해 워크넷은 직무역량을 충분히 기술할 수 있도록 도와주는 표준직무기술서 추천서비스를 시범적으로 제공하고 있다. 앞으로 표준직무기술서 추천서비스는 채용공고의 품질을 높이는데 기여할 것으로 기대하고 있다.

다음으로 AI 일자리매칭서비스는 AI 기술을 이용해 직무역량을 중심으로 적합한 일자리와 인재를 매칭하는 서비스이다. 일자리매칭서비스는 직무데이터 사전을 통해 이력서의 보유역량과 채용공고의 요구역량을 파악하고 직무역량과 구직자 속성, 구인기업 속성, 입사지원 여부 등의 데이터를 학습해 머신러닝 모델을 만든다. 즉 생성된 모델을 통해 적합한 인재와 일자리를 연결하는 것이다. AI 서비스의 성공은 양질의 데이터와 해당 분야의 서비스 경험에 달려 있다. 워크넷 일자리매칭서비스 역시 장기적인 안목을 갖고 양질의 데이터를 축적하기 위한 노력과 함께 AI 서비스 경험을 만들어간다면 서비스 이용자들의 만족도를 높이고 일자리 문제를 해결하는데 일조할 수 있을 것으로 기대한다.

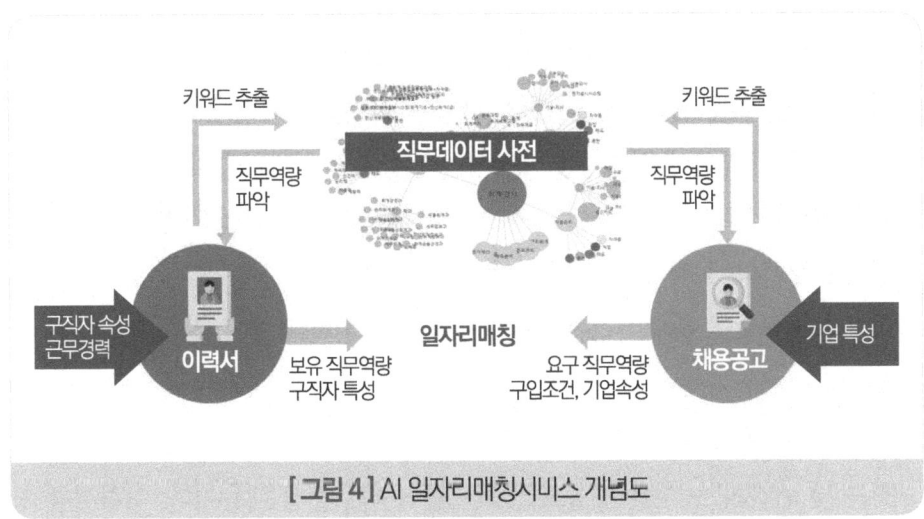

[그림 4] AI 일자리매칭서비스 개념도

데이터(DT)

잡미스매치 해소를 위한 NCS 직무데이터 기반 AI 활용방안

김희동 ㈜스마트소셜 대표이사

첨단기술 접목으로 스마트해진 채용시스템

AI, 빅데이터 기술이 발달하면서 인사채용 분야에서도 첨단기술이 접목되고 있다. ㈜마이다스아이티와 같이 첨단 채용솔루션을 제공하는 기업도 있고, 롯데그룹과 같이 자체적인 솔루션을 개발해 적용하는 대기업도 생겨나고 있다.

첨단기술을 채용시스템에 접목했을 때 효율적일뿐 아니라 공정성과 객관성도 확보할 수 있기 때문에 신뢰성과 타당성만 검증되면 첨단기술의 활용은 더욱 확대될 전망이다. 하지만, 이는 어느 정도 규모가 있고 안정적인 기업에 한한 이야기일지도 모른다. 실력 있는 인재를 선발하는 것이 절실한 중소기업의 경우에는 인력과 자본력으로 인해 이러한 트렌드를 따라가기 힘든 것이 사실이다.

직무중신 채용으로의 트렌드 변화

최근 몇 년간의 또 다른 채용트렌드는 단연 직무중심 채용이다. 이력서를 평가할 때도 직무적합성을 고려하고, 면접에서도 직무이해도를 묻는 질문이 많아졌다. 블라인드 채용, 수시 채용, NCS 채용 등은 모두 직무중심 채용과 직결된다. 구직자의 입장에서는 직무역량을 드러내는 것이 중요하다. 아이러니한 것은 인사채용이 직무중심으로 이루어지는데 정작 취업을 준비하는 구직자들은 자신의 역량을 잘 모른다는 것이다. 취업을 앞둔 대학생 절반이 자신의 능력과 역량, 흥미와 적성을 알지 못해 진로결정을 어려워하고 있다(중앙대학교, 취업진로 의식 설문조사, 2017). 잡코리아에 따르면 직무를 못정한 채 구직활동을 하는 취준생은 2017년 37%에서 2018년 43%로 소폭 증가했다.

자신과 직무에 대한 이해가 부족한 채 취업을 하는 경우 조기퇴사가 발생할 확률이 높다. 사람인 조사결과에 따르면 취업난이 지속되는 가운데서도 2018년 대비 2019년의 조기퇴사자가 증가한 것으로 나타났다. 조기퇴사는 당사자와 기업은 물론 사회적으로도 비용이 발생하는 문제임에도 첫 직장을 떠나는 1년 미만 퇴사자의 퇴사시기가 점점 당겨지고 있다(인크루트, 2020). 조기퇴사의 다양한 원인 중 큰 비중을 차지하는 원인이 바로 '직무부적합'이다.

NCS를 활용한 첨단기술로 채용트렌드 변화 대응

채용트렌드 변화에 따라 발생하는 사회적 문제를 NCS를 활용한 첨단기술로 해소하고자 하는 시도도 생겨나고 있다. 구직자-구인기업을 NCS 직무중심으로 매칭하면서 지원자를 AI로 분석해 관련 정보를 추천해 주는 프로그램도 있다. 이러한 프로그램의 핵심기술은 NCS 자료와 직무관련 데이터를 바탕으로 개발한 역량엔진이다.

구직자가 자신의 경험데이터를 입력하면 이를 분석해 NCS 직무분류에 따라 추천값을 산출한다. 산출된 추천값은 기업에 요구하는 채용직무와 매칭해 기업을 추천하거나, 채용공고와 매칭해 구직자에게 적합한 채용공고를 추천한다.

추천받은 결과값을 통해 직무 선택 전인 구직자는 진로의사결정에 활용할 수

[그림 1] 캠퍼스 기반 산학협력데이터 환류프로세스

있고, 직무를 선택한 구직자는 선택한 직무에 대한 직무적합도를 확인할 수 있다. 또한 자신의 경험을 통해 추천된 직무에 최적화된 채용공고를 지속적으로 업데이트된 결과값으로 추천받을 수 있을 것이다.

또한 인적성 검사 결과값을 추가적으로 적용한다면 조금 더 자신의 적성에 맞는 직무를 추천해줄 수가 있다. 대표적인 사례로 고객대면 관련 업무를 추천받은 호텔 관련 전공 구직자의 경우 대인관계 능력이 높은 것으로 확인되어 최초 호텔리어보다는 웨딩컨설턴트(결혼상담)추천에 대해 매우 높은 만족도를 보인 경우도 있다.

구인기업의 입장에서도 이 기술을 통해 채용직무에 적합한 인재를 선별할 수 있는 객관적인 데이터를 확보할 수 있다. 또한 이력서에 적용한다면 스크리닝 기술을 통해 지원서류를 1차적으로 분류할 수 있다. 이는 묻지마 지원자를 거를 수 있을뿐더러 채용직무에 적합한 지원자의 리스트를 확인할 수 있어 채용과정의 효율성을 높여줄 수 있다.

실제로 최근 부산과학기술대학교를 비롯한 여러 전문대학을 중심으로 전공 및 교내활동, 현장실습 등의 경험을 체계적인 포트폴리오 형태로 관리하는 플랫폼을 속속 도입하고 있으며, 이를 활용해 AI가 협약기업 추천을 하는 등 진로직무 컨설팅에 활용하고 있다. 또한 이렇게 축적된 데이터는 NCS 분류체계로 환류되어 협약기업의 실제 직무분석 등을 통해 정확한 기업의 수요예측과 맞춤형 인력양성으로 확대해 나가고 있다. 또한 장기적으로 학교만의 최적화된 빅데이터 구축과 AI를 통한 학사, 진로, 취업 등으로 확장해 갈 계획을 세우고 있다.

NCS 중심의 적극적인 활용 필요

NCS는 잡미스매치뿐만 아니라 중소기업의 인력난, 정보 불균형 등의 사회적 문제를 해결할 수 있을 것이라 확신하지만, 한 가지 아쉬운 점은 매칭의 한 축이 되는 기업이나 채용공고가 아직 NCS를 중심으로 이루어지지 않고 있다는 점이다. 특히 중소기업의 경우 기업의 업무를 NCS에 맞춰 분류하는 것이 쉬운 일이 아니다. 대부분의 채용공고 사이트는 직무중심이 아니라 직업 또는 산업군 중심으로 채용공고가 분류되어 있다. NCS 활용이 확대되어 기업의 업무분류 및 채용공고의 분류 또한 NCS를 중심으로 될 수 있다면, 더욱 효율적인 효과가 나타나리라 기대해 본다.

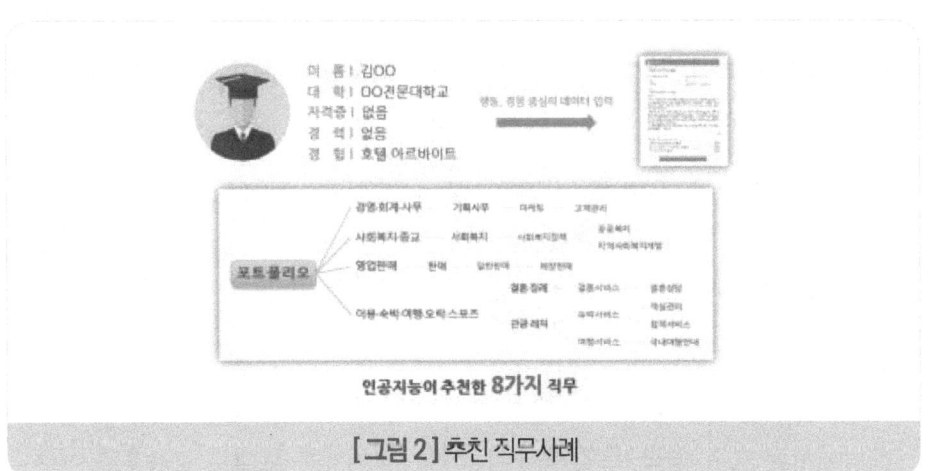

[그림 2] 추천 직무사례

데이터(DT)

NCS 능력단위 인정제도 및 NCS 은행제 구축방안

김기용 ㈜케이엠플러스컨설팅 대표

자격 분야 NCS 도입 활성화를 위한 방안

NCS는 직업교육훈련 및 자격제도의 산업현장 불일치와 인적자원의 비효율적 관리 운용 문제를 해소해, 국가인적자원개발 체계를 내실화하기 위한 목적으로 운영되고 있다. NCS 도입에 따라 다양한 분야에서 산업현장과의 불일치가 완화되었다. 특히, 국가기술자격 분야에 있어서도 활용이 활성화되고 일부에서는 실무중심 인재양성 등에 기여하고 있다.

자격 분야의 NCS 도입 활성화를 위해 정부에서는 제4차 국가기술자격제도 발전 기본계획을 통해 NCS 기반 국가기술자격 개편과 NCS 능력단위 인정을 통한 자격 취득 경로 다양화를 핵심과제로 추진하고 있다.

해외사례를 통한 NCS 능력단위 인정제도 및 NCS 은행제의 도입 필요

해외에서는 호주, 영국, 독일 등에서 국가자격체계를 토대로 교육훈련 이수내역, 자격 취득 내역, 직무경험 등을 선학습으로 인정하고 있다. 호주의 경우 선행학습인정(RPL) 제도를 통해 개인의 형식, 비형식 및 무형식 학습을 평가해 인정하고 있다. 이 제도에서는 개인이 습득한 전문역량을 입증할 수 있는 증거자료를 준비해 평가기관을 통해 선행학습을 인증할 수 있다. 선행학습의 경력이 부족하다고 판단될 경우, 기술갭훈련(Gap Training)을 통해 부족한 능력단위 교육을 실시해 자격을 완성할 수 있도록 하고 있다.

영국의 경우 자격체계(SCQF)를 기반으로 학습자의 선행경험 및 경력 등을 자격이나 학위로 인정하며, 학점의 축적 및 교환 시스템으로 선행학습과 자격을 연계하고 있다. 이 제도에서는 자격 및 교육훈련 프로그램이 능력단위와 모듈로 구성된다. 이는 학점 및 레벨을 포함하고 있어, 부분적으로 학점 포인트 축적이 가능하도록 하고 있다.

독일은 숙련공 부족 문제 해결을 위해 부분자격(Teilqualifikationen) 제도를 운영하고 있다. 독일의 부분자격은 연방고용국(BA)이 제정한 직업자격 설계 원칙에 따라 설계되며, 부분자격(Unit Qualification)의 합은 전체 완전한 자격(Full Qualification)을 의미한다.

각 교육 모듈에는 작업을 수행하기 위한 능력단위가 통합되어 구성되며 개별 직종을 5~8개 모듈로 세분화 하고, 이때 각 모듈이 부분자격을 나타낸다. 독일의 부분자격 역량평가는 연방고용국에서 제정한 부분자격을 위한 중앙규정에 맞추어 실시된다. 세부 시행규정은 평가기관인 각 상공회의소의 부분자격 역량평가를 위한 시행규정에 따라 진행된다.

이러한 능력단위 인정방안 도입의 필요성과 해외사례를 통해 우리나라의 경우에도 'NCS 능력단위 인정제도' 및 'NCS 은행제'의 도입이 요구되는 상황이다. NCS 능력단위 인정제도란 NCS 능력단위를 기반으로 설계된 교육훈련, 자격 및 현장경력을 통한 능력단위 경험을 서류 심사 및 능력단위 평가를 통해 인정해 국가기술자격, 장기적으로는 학점(학위) 취득과 연계하는 제도를 의미한다.

NCS 능력단위 인정제도에 따라 국가기술자격 취득자는 해당 국가기술자격 관련 능력단위를 인정받아 동일한 능력단위를 요구하는 동일 등급 자격 취득 시 (검정형 자격) 검정 시험 또는 (과정평가형 자격) 교육훈련 이수 및 내·외부평가를 면제할 필요가 있다.

[그림 1] NCS 능력단위 인정제도

한편, 능력단위 인정 DB로서 개인이 교육훈련, 국가기술자격 취득 및 현장경력을 통해 경험한 능력단위를 인정하고, 능력단위 인정 내역을 개인별 온라인 능력단위 계좌에 누적·관리하며, 수요자(개인)에 능력단위 인정서를 발급하는 시스템(DB) 역할의 NCS 은행제 도입을 검토할 시점이다.

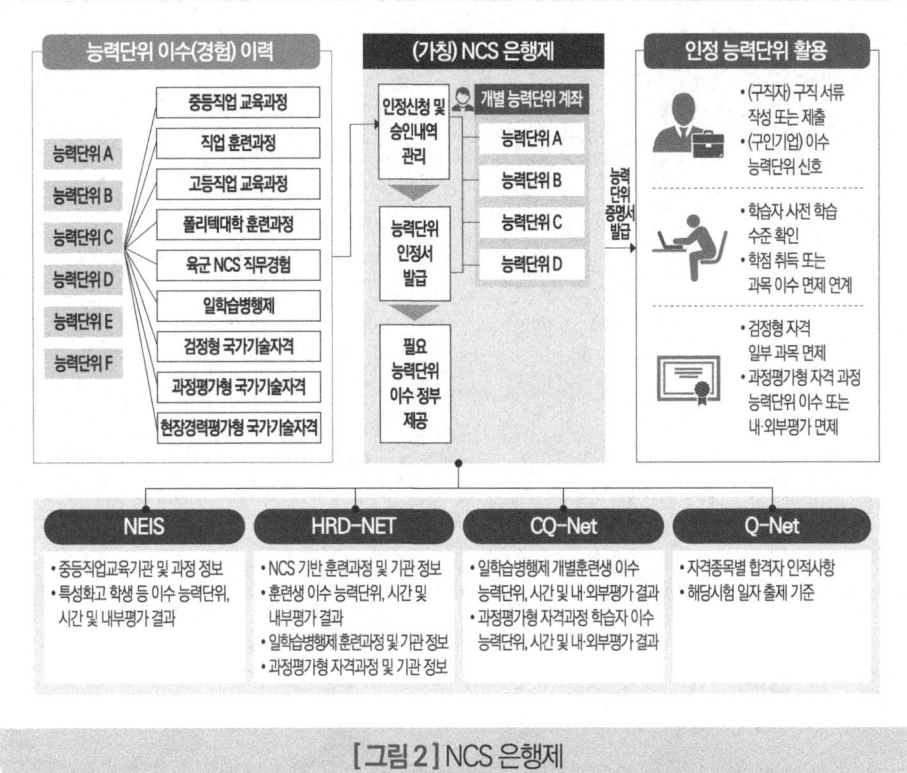

[그림 2] NCS 은행제

국가의 미래, 직무·역량에서 찾는다

Part 05

국제교류

국제교류
104 _ 국제교류 측면에서 본 NCS
108 _ 직업자격의 국가 간 상호인정 현황과 전망

역량 프레임워크
114 _ 자격역량체계의 국제적 동향

국제교류

국제교류 측면에서 본 NCS

박종길 한국기술대학교 HRD학과 특임교수

아세안 국가의 사례로 살펴보는 NCS의 유용성

각 국가는 경제발전에 노동력의 효율성이 매우 중요하다 인식하고 노동의 효과성을 입증할 수 있는 다양한 제도를 도입해왔다. 대표적으로 일정한 학업을 이수했다는 학위와 어느 정도 기술이나 기능을 소지하고 있는지를 증명하는 자격증제도이다. 하지만 기존제도의 신호 기능이 미약하고 비공식적인 학습을 포괄하지 못하는 취약점이 제기됨에 따라 이를 대체할 새로운 표준이 필요했는데, 그것이 바로 NCS다. 학습에 투입된 양을 중심으로 기존제도와 달리 학습결과를 통해 어떤 역량이 향상되었는지 그 효과(outcome)에 주목한 새로운 기준은 교육, 훈련, 자격, 선발, 평가·보상 등 인적자원관리에 다양하게 활용될 수 있다. 특히 학습효과에 기반한 단일 기준(Standard)이라는 특성으로 국내 및 국가 간 호환 가능성(Compatibility)이 커지게 된다. 특히 최근 국경을 넘어선 노동이동이 빈번해짐에 따라 국가 간 자격체계의 상호인정 필요성이 증대되어 지역 내 단일

자격체계(Regional Meta Qualifications System) 도입이 활발하다. 여기에서는 인적자원의 국제교류 증진 차원에서 NCS의 유용성을 일부 선진국과 아시아 지역의 사례를 중심으로 살펴보고자 한다.

NCS와 NQF를 선도적으로 도입한 EU, 호주

NCS와 NQF(National Qualification Framework, 국가자격체계)가 선도적으로 도입되어 잘 활용되고 있는 대표적인 사례는 EU와 호주이다. EQF(EU Qualifications Framework)는 EU국가 내 노동이동이 증가하는 상황에서 실질적인 통합을 촉진하고, 역외 국가로부터 이민자들을 차단하기 위한 목적에서 출발했다. 8단계로 구성된 EQF는 2009년 브뤼셀 회의에서 공식 인정되었다. 여기에는 28개 회원국과 11개 비회원국(알바니아, 보스니아 헤르체고비나, 북마케도니아, 아이슬란드, 코소보, 리히텐슈타인, 몬테그로, 노르웨이, 세르비아, 스위스, 터키) 등 39개국이 연계되어 있다. 한편 ETF(European Training Foundation)는 동 모델이 아프리카, 중동, 아시아 국가들로 확산될 수 있도록 다양한 지원을 하고 있다.

AQF(Australian Qualifications Framework)는 호주의 고등교육과 일반교육, 직업교육훈련을 통합하기 위해 1995년에 도입된 국가단일 자격체계이다. 2013년에 수정 보완된 2차 AQF는 10단계로 이루어져 있으며, 뉴질랜드와의 인적자원교류를 활성화하기 위해 AQF와 NZQF(New Zealand Qualifications Framework)를 상호인정(Referencing of the Australian and New Zealand Qualifications Frameworks)하는 기준을 2015년에 마련했다.

아세안 국가 간 자격을 인정할 수 있도록 하는 공동기준, AQRF

지역 내 단일시장을 만들어 경쟁력과 경제적 통합을 추구하기 위해 1967년에 아세안(초기 멤버: 인도네시아, 필리핀, 말레이시아, 싱가포르, 태국+브루나이, 베트남, 라오스, 미얀마, 캄보디아 등 총 10개국)이 발족된 이래 상품, 서비스, 투자의 자유로운 역내 흐름을 촉진시키기 위한 노력이 지속해서 있었는데, 이것이 AQRF 도입의 기초가 되었다.

시발점은 2010년 아세안, 호주, 뉴질랜드 FTA(AANZFTA)의 교육훈련관리 프로젝트(NQF 도입을 위한 역량강화)로다. 2012년 테스크 포스를 발족해 수차의 논의 끝에 4차 회의(양곤, 2014)에서 학습성과의 종합적인 내용을 지식과 기술(knowledge and skills), 지식과 기술이 발휘되는 상황과 맡은 직무의 책임의 정도(Application and Responsibility)에 따라 총 8단계로 분류한 'AQRF'를 최종 마무리하고, 2015년에 회원국들로부터 인준을 받았다.

이는 아세안 국가 간 서로 자격을 상호 인정할 수 있도록 하는 공동기준으로서 교육, 훈련 그리고 평생교육훈련에 포함되는 다양한 비공식 학습까지 포괄해 설계되어 있다. 기본원칙은 상호 자율과 합의로 각 국가는 자국의 체계를 AQRF에 일치시킬지 말지 언제 추진할지를 자율적으로 결정하게 된다. 각국은 자국의 NQF를 AQRF와 치환하는 비교보고서(AQRF Referencing Report)를 작성해 AQRF Committee의 심의를 받게 되는데 현재 말레이시아와 필리핀 2개국만 심의를 마친 상태이다. 여기에서 가장 중요한 것은 각 국가자격의 품질이다. AQRF는 자격의 등록과 인증을 담당하는 기관, 학습 내용을 검증하고 자격증을 발급하는 과정, 자격증 발급에 관련된 법적 근거와 규정에 대해서 구체적인 가이드라인을 제시하고 있다.

아시아 국가의 NCS, NQF 도입

필리핀은 초등교육, 기술·직업교육, 고등교육이 평생교육 체제 안에서 조화를 이룰 수 있는 국가 단일 자격체계로서 2012년 PQF(Philippine qualifications framework)를 도입했다. 이는 기존의 PTQF(the Philippine Technical and Vocational Qualifications Framework)를 발전시킨 것이다. 한편 필리핀은 AFAS(ASEAN Framework Agreement On Services), AFTA(ASEAN Free

Trade Agreements), AMRA(ASEAN Mutual Recognition Agreements)에 가입하는 등 일찍이 서비스와 인적 교류에 많은 관심을 갖고 있었는데, AQRF 도입 당시에도 테스크 포스의 의장국이 되어 주도적인 역할을 했다. 필리핀은 AQRF Referencing Report를 선도적으로 작성해 3차례에 걸쳐 AQRF Committee로 부터 검토를 받은 끝에 2019년에 최종인준을 받았다.

말레이시아는 전문대학, 직업훈련기관, 고등교육기관 등 모든 교육훈련기관을 포괄하는 단일 자격시스템으로 MQF(Malaysian Qualifications Framework)를 2010년에 도입했다. 말레이시아도 국제교류에 매우 관심이 높아 국내외 전문가와 협업해 2019년에 'AQRF Referencing Report'를 인준받았다.

인도네시아는 2012년에 IQF(Indonesian Qualifications Framework)를 완성했다. 특징으로는 ①ARQF가 비공식적이거나 선행적으로 이루어진 학습(informal and prior learning)을 모두 포괄하는데 반해 IQF는 공식학습만 인정 ②ARQF는 8단계지만 IQF는 9단계로 구성되어 있는 등 AQRF와 다른 점을 많이 갖고 있음 ③학습의 효과를 자격 기준으로 삼는다는 측면에선 동일하다.

태국은 '제2차 국가노동력및교육개혁 10년계획(2009-2018)'의 일환으로 2010년 12월 TNQF(Thai National Qualifications Framework)를 도입했다. 이것은 기존의 TQF(Thai Qualifications Framework for Higher Education)와 TVQF(Thai Qualifications Framework for Vocational Education)를 통폐합한 것이다. 원래 9단계로 설계되었는데 최근 AQRF와의 연계를 위해 8단계로 수정했다.

국가 간 서비스교역이 확대됨에 따라 WTO에서는 서비스교역에 관한 일반협정(GATS)을 체결했는데 4단계에 이르면 자연인의 국가 간 이동이 보장된다. 이를 고려해보면 국제교류 측면에서의 NCS 유용성은 더욱 확장될 수밖에 없다. 우리나라도 이러한 세계적 추세를 감안해 NCS의 확산과 고도화에 더욱 노력해야 할 것이다.

직업자격의 국가 간 상호인정 현황과 전망

조정윤 국제고용개발원 이사장

국가 간 자격과 표준을 상호인정하기 위한 움직임

국가 간 자격(qualifications = paper of value)과 표준(standards)을 상호인정(mutual recognition)하기 위한 움직임은 유럽을 중심으로 매우 광범위하게 나타나고 있으며, 우리나라에서도 다양한 분야와 방법으로 지속적이지만 부분적으로 추진되고 있는 상황이다.

대표적으로 대학 학위 등을 중심으로 학문자격(academic qualification)의

[표1] 양자 간 상호인정 방식

Case 1	호주, 미국 텍사스 주와 우리나라 기술사 자격상호인정
Case 2	우리나라 정보처리 기사, 산업기사, 기능사 자격과 일본, 중국, 베트남 ICT 자격 간 상호인정
Case 3	한-호주 간 NCS-기반 용접자격(산업기사 수준) 간 벤치마킹 완료 → 향후 자격 간 상호인정을 하기 위한 협상이 필요한 상황

상호인정 방식에서 다자간 상호인정 방식으로의 변화와 기술사, 기사, 산업기사, 기능사 자격 등 직업자격(vocational qualification)에 대한 상호인정 방식에서 양자간 상호인정 방식의 변화다.

다음으로 특정 섹터에서 글로벌 기업이나 유럽 등 지역에 기반을 둔 협단체가 만든 'international qualification'가 다양한 국가에서 통용성이 확보됨으로써 나타나는 자격의 상호인정 형태다(cedefop, 2012).

[표 2] 자격의 상호인정 형태

Case 1	ICT sector(European Computer Driving Licence, Mircrosoft certifications, Cisco certifications 등)
Case 2	Financial services(European foundation certificate in banking(EFCB), Chartered certified accountant in EU)
Case 3	Hairdressing certificate in EU

이 밖에도 사람이 보유한 자격에 대한 국가 간 상호인정뿐만 아니라 제품(상품)에 대한 국가 간 상호인정제도도 운영되고 있다. 국내 제품을 해외에 수출하기 위해서는 ISO와 같은 국제기구에서 운용하고 있는 국제인정과 유럽의 CE 등 각 국가에서 운영하고 있는 인정제도에 의한 인정을 획득해야 한다. 이는 자격을 갖춘 상품과 그렇지 않은 상품이 시장에 존재하며, 아울러 국내인정을 받은 상품인지 아니면 글로벌 차원에서 인정받은 상품인지를 인정제도 마크를 제공하는 기관에 따라서 결정된다.

국내 중소기업의 수출을 촉진하기 위해서는 원활한 해외인정을 취득해야 하며 이 과정을 수월하게 하기 위해 국가 간 개별 제품에 대한 상호인정협약(MRA: Mutual Recognition Agreement)을 활발하게 추진해야 한다. MRA란 양자 간 또는 다자간 인정 관련 정부규제기관 또는 인정기관 간 적합성 평가결과를 상호인정해 중복절차에 따른 비용절감을 목적으로 하고 있다(KOTRA, 2013).

[표3] MRA 추진 내용	
1단계 MRA	적합성 평가결과를 양자 간 상호인정하나 수입국의 인정절차를 거쳐 인정획득이 필요한 수준의 MRA
2단계 MRA	적합성 평가결과를 양자 간 상호인정해 수출국 내에서의 인정기관(적합성평가 인정기관) 인정서를 수입국에서 그대로 인정해 추가적인 인정 절차 없이 수입국 내에서 제품판매가 가능한 수준의 MRA

국가 간 자격상호인정 추진 배경과 사례

국가 간 FTA 체결로 인해 협상 시 계약서비스 공급자(CSS: Contractual Service Supplier)와 독립전문가(IP: Independent Professional) 형태의 인력 이동에 대한 양허 내용이 포함되어 있다.

[표4] 국가 간 자격상호인정 추진 사례

- 한-미 FTA에 의해서 엔지니어링, 건축사, 수의 분야의 자격상호인정을 추진할 수 있는 근거가 제시되어 텍사스주와 기술사 자격상호인정협약을 체결
- 한-EU FTA 기반 한국 기술사와 유럽 기술사 간 상호인정 논의를 시작하게 되었으나 현재는 소강상태
- 한-인도 CEPA에 따르면 CSS 및 IP 대상 직종 163개이며 이들이 자격요건 (학위, 당사국 법인 근무경력 등) 및 기타요건(국적증명 등)을 충족하면 체류기간 최초 1년 또는 계약기간 중 짧은 기간 허용
- 한-페루 FTA에서도 66개 직종에 대해서 모두 CSS 및 IP에 대한 양허

EU에서는 전문자격의 상호인정방식을 정교화하고 활성화함으로써 지속적으로 가맹국 간 전문자격소지자의 이동촉진 현상이 나타나고 있다. 특히 보건의료 분야(의사, 간호사 등) 인력이동이 전체의 절반을 차지했고, 그다음이 교육 분야, 수공예, 엔지니어링(기술사), 건축(건축사), 법무(변호사), 회계·감사·세무(회계사 등) 순으로 나타났다.

전문자격취득자 이외에 다양한 직종 간 인력교류를 유럽차원에서 촉진하기 위해 유럽역량체계(EQF)를 제정·통용함으로써 EU 밖의 인력유입을 줄이거나 차단하기 위한 목적을 달성하고자 했다.

아세안 국가에서는 AQRF(Asian Qualification Reference Framework) 제정으로 아세안 역내 전문인력에 대한 자격상호인정을 통해 역내 국가 간 인력이동을 촉진하기 위한 지역역량체계(RQF 혹은 TQF)를 호주와 뉴질랜드의 도움으로 구축했다. 2010년 AQRF 프로젝트 추진이후 현재 사무국을 설치해 운영 중이나 시행실적은 미미하다. 호주와 뉴질랜드는 AQRF 프로젝트를 'ASEAN-Australia-New Zealand FTA(AANZFTA) Economic Cooperation Work Program(ECWP)'의 일환으로 추진함으로써 호주와 뉴질랜드에서 필요로 하는 아세안 전문인력을 체계적으로 수입할 수 있도록 할 계획이었다.

AQRF에 의한 인력이동은 미미한 것으로 알려지고 있으며, 이는 아세안 회원국 중 manpower sending countries(캄보디아, 미얀마 등)와 receiving countries(태국, 말레이시아 등)간 이해가 상충되기 때문인 것으로 파악됐다.

국가 간 자격상호인정 향후 전망

국가 간 자격상호인정은 우리 국민의 경제활동 범위를 국외로 확장한다는 측면에서 매우 의미가 있는 정책으로 판단된다. 국가가 관리 운영하고 있는 국가기술자격제도 등의 국가자격에 대해 우리나라 국가자격소지자가 진출하고자 하는 선진국 또는 개발도상국과 전략적인 차원의 자격상호인정협약 체결은 많은 시간과 비용을 들여서 국가자격을 취득한 국민에 대한 정부의 당연한 업무로서 적극적으로 추진해야 한다.

선진 외국 등과 자격상호인정을 통해 우리나라 자격취득자들이 추가적인 시험이나 역량의 평가 인정 면제나 부분 인정을 받아 수월하게 국경을 넘을 수 있도록 지원하는 것은 전문직 서비스 시장의 확대를 위해서 매우 필요하다.

국가 간 상품과 서비스 이동을 촉진하기 위한 자격상호인정은 글로벌 트렌드이다. 이러한 추세가 구체적으로 나타난 증거 중 하나가 'SQF, NQF, RQF' 등의 출현이다. 그 이유는 다양한 형태(mode)의 역량체계가 교육훈련과 자격의 질 관리 기재로 작동하는 것은 물론 국가 간, 지역 간 인력이동을 체계화하기 위한 도구로서 사용될 목적으로 만들어졌기 때문이다.

우리나라의 경우 EPS를 통해서 외국인 근로자를 수입하고 있는 상황이며, 향후 인구구조의 변화를 감안할 때 현재와 같이 미숙련 노동자(unskilled worker) 뿐만 아니라 기능인(skilled worker)의 수입이 필요할 것으로 예상되므로, SQF, NQF가 발현할 수 있는 기능과 역할이 국가차원에서 필요할 것으로 전망된다.

한-호주 간 NCS 기반 용접자격을 상호 벤치마킹한 결과를 감안할 때 앞으로 우리나라가 주도하는 국가 간 자격상호인정은 NCS 기반 자격을 중심으로 비교가능성 모델을 통해 점진적으로 자격상호인정을 추진하는 방식을 취하는 것이 적정하다고 판단된다.

용접자격의 경우 우리나라와 호주 간 자격종목 명칭이 달랐으며, 필수 및 선택능력단위 구성 원리에도 큰 차이가 있어 양자 간 NCS를 비교해 상호 비교가능성을 확보하는 작업이 수월하게 추진되지만은 않았다. 더욱이 용접직종에서 일정기간의 도제식(도제 관계와 같이 제자가 스승에게 절대적으로 복종하던 방법) 학습에 참여를 요구하는 등 세부적인 사항에서 국내 용접자격 취득요건과 차이가 있어 자격을 구성하는 NCS의 내용뿐만 아니라 자격을 취득하는 과정에 대한 양국 간 비교가능성도 고려해야 한다. 이것은 자격취득을 위한 학습의 질 관리 측면에서 중요한 의미를 갖고 있기 때문이다.

국가 간 자격상호인정을 통해 우리나라 자격취득자들이 선진국 등 외국의 국경을 넘기 위해서는 비자문제를 함께 고려해 추진해야 한다. 이는 자격상호인정은 국경을 넘기 위한 필요조건이지 충분조건이 되지 못한다는 뜻이다.

일본과의 IT 자격상호인정을 통해 우리나라의 IT 엔지니어가 일본 현지 기업에 수백 명이 취업한 과거의 경험을 고려할 때 이 경우에는 비교적 수월하게 우리나라 IT 엔지니어에게 취업비자가 발급되었다. 이것은 일본이 당시 IT 전문인력이 매우 부족해 취업비자를 쉽게 발급한 경우이다.

이처럼 자격상호인정을 통해 실제로 우리나라의 전문인력을 송출함은 물론 상대국의 전문인력이 우리나라 노동시장으로 진입할 수 있도록 노동시장을 개방할 때, 우리나라 노동시장의 상황과 당사국의 노동시장 상황을 면밀하게 파악해 단기·중장기 인력수급 계획을 갖고 자격상호인정정책을 추진해야 실질적인 인력교류 성과를 낼 수 있을 것으로 판단된다.

국가 간 자격의 상호인정정책을 실무적으로 추진하기 위해서는 NIC(National Information Center, 국가정보센터)와 같은 전담기구나 조직의 설치운영이 필요하다.

더불어 자격상호인정을 통해 우리나라 자격취득자가 상대국으로 진출할 경우 우리나라도 상대국의 자격취득자를 받아드릴 준비를 함으로써 서로 윈윈(win-win)할 수 있도록 국가차원의 전략과 방법을 준비해야 할 것이다. 이를 위해서는 자격상호인정을 체계적으로 추진할 기구와 조직을 갖추기 위한 준비가 필요하다.

자격역량체계의 국제적 동향

임숙경 국가평생교육진흥원 대외협력실장

디지털자격증명 및 상호운용성의 확대 요구

성인 역량에 관한 글로벌 전문기관인 Cedefop, ETF, UNESCO는 2년마다 전 세계 국가와 지역의 자격프레임워크 설정 및 구현 결과에 대한 업데이트를 제공하고 있다. 2019년 발간된 'Global Inventory of Regional and National Qualifications Frameworks'는 2013년 이후 네 번째 자료다. 총 2권으로 제작되었는데 1권은 노동시장의 변화에 따른 주제별 분석, 2권은 국가별 사례를 소개하고 있다.

그동안 NQF는 교육훈련 시스템의 광범위한 혁신도구로 자리 잡았다. 2017년 이후 지역과 국가의 자격역량체계는 안정적으로 유지되고, 그 이행은 더욱 확대 심화되고 있는 중이다. 특히, 노동시장의 세계화, 디지털 기술 발전 등으로 NQF의 국제적 관계가 더욱 발전하면서 유럽 교육훈련 시스템은 이제 동유럽, 지중해, 아프리카, 아시아 태평양 지역에 이르기까지 개발도상국이나 체제전환국가에도 진출되고 있다.

　이동 국가가 넓어질수록 더 많은 국가자격시스템에 익숙해져야 한다. 이 때문에 국제화된 노동시장은 자격, 자격 증명, 학습 결과 등을 비교할 수 있는 새로운 방법이 필요하게 되었다. 2012년 상하이에서 개최된 TVET(Technical Vocational Education and Training) 국제회의에서 교육시스템 및 노동시장의 국제화에 대응해 국제적으로 실행 가능한 지침으로 기능하기 위한 WRL(World Reference Levels, 국제교육지침) 개발을 약속했다. 유네스코가 주도해 개발하고 있는 WRL은 2020년 전 세계 일반화를 목표로 평생학습 관점에서 직업영역 외에 교육훈련의 모든 수준 및 영역을 포함해 광범위하게 적용될 수 있도록 하고 있다. 여기에는 스킬, 직업자격, 자격 증명, 학력, 비형식 학습결과, 직무명세서, 선행학습요건 등이 모두 포함된다.

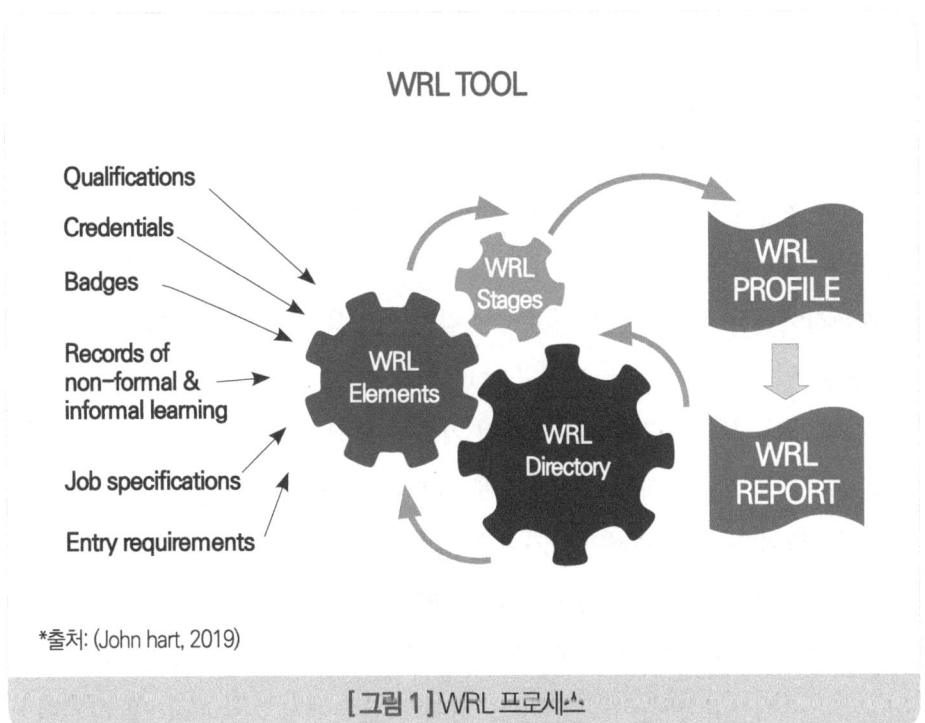

[그림 1] WRL 프로세스

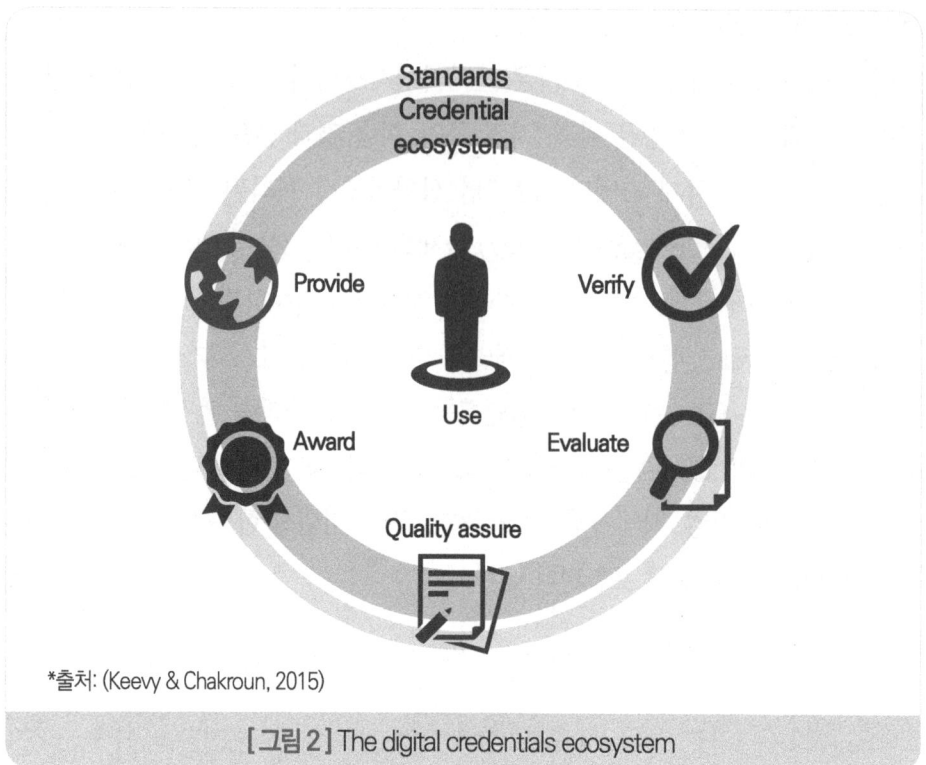

[그림 2] The digital credentials ecosystem

　WRL은 학습결과를 정의하고 표준화하는 국제적인 경험을 사용해 개발되지만, 국가 또는 지역의 자격체계 시스템을 대체하지는 않는다. 다만, 국경을 넘어 더 효율적이면서 공정하고 투명하게 스킬과 자격을 인정하기 위한 참고자료로 활용될 수 있다.

　학습결과의 대중화, 국제화는 디지털 기술을 통해 새로운 기회와 도전을 창출한다. 현재까지 학습결과와 자격증명에 대한 최신 정보를 보편적으로 이해하고 쉽게 접근할 수 있는 효율적인 국가 또는 글로벌 시스템은 존재하지 않는다.

　주요 국가에서는 국제디지털자격증명 개발을 위해 발 빠르게 움직이고 있다. 유럽위원회(2018)는 유럽자격체계(ETF) 외에 디지털 교육 액션 플랜(the Digital Education Action Plan in 2018)을 채택해 교육에서 기술사용 및 디지털역량 개발을 지원하는 디지털서명 자격에 관한 사업에 착수했다. 미국의 루미나(Lumina)재단은 2017년 12월 레지스트리(Registry)라는 중앙 집중식 자격증명 데이터 플랫폼을 시작했고, 중국은 '고등교육 학생 정보·커리어 센터'가 전국 학생 데이터 디지털화를 시도해 자격검증 서비스를 제공하기 시작했다. 그러나 노동시장 접근의 골드표준으로서 학위에 대한 불만이 증가했다. 새로운 마이크로 자격증명은 더 저렴하고 더 빠른 경로를 제공하고 있지만, 여전히 신뢰 및 품질보증 문제가 남아있었다. 이에 따라 유네스코는 활용, 제공, 수여, 품질보증, 평가, 검증, 거버넌스에 기반한 자격증명 생태계를 구축해 현존하는 다양한 아키텍처를 설명할 수 있는 모델도 제안하고 있다.

학습결과 기반 접근방식의 영향력 증가

학습결과(learning outcomes)는 학습자가 무엇을 알고, 이해할 수 있는지를 강조하며 현재 대부분의 유럽교육 및 훈련시스템을 뒷받침 하고 있다(Cedefop, 2016). 학습결과 기반 접근방식으로의 전환은 지난 20년간 유럽 VET에 영향을 미치는 가장 중요한 트렌드 중 하나로 간주 되었고, 볼로냐 프로세스는 교육을 '투입'에서 결과지향적 접근으로의 전환을 촉진한 계기였다. 2008년 EQF 채택은 다시 한 번 결과지향적 중요성을 강조하며, 모든 유럽 국가에서 포괄적 학습결과 기반 NQF를 확립하게 했다.

전반적으로 학습결과의 강화는 세 가지 측면에서 교육훈련시스템을 개혁하고 현대화 했다. 첫째, 제도의 투명성 증가와 교육 제공자의 책임을 강화해 국가 교육훈련시스템의 방향과 인지도를 보다 잘 형성할 수 있게 하는 정책도구로 작용했다. 둘째, 복잡한 교육훈련기관 운영의 관리 도구로서 기관이 제공하는 프로그램의 전반적인 품질과 일관성을 강화했다. 셋째, 교육학적 도구로서 학습자중심 교육 및 훈련 접근 방식을 장려하게 되었다.

포용의 관점에서 사전학습인정의 중요성

2019년 Global Inventory에 따르면 전 세계 120여 개 국가에서 자격제도를 개혁 중이라고 밝혔다. 이 개혁에서 주목할만한 트렌드는 자격체계의 역할 강화와 더불어 비형식 학습 인정제도 도입을 위해 노력하고 있는 점이다. 비형식 학습의 인정(Recognition), 검증(Validation), 승인(Accreditation, 이하 RVA)은 포용적이고 공평한 양질의 교육을 보장하는 UN의 지속가능발전목표 4(SDG 4, 양질의 교육)의 중심에 있다. 즉, 여러 번의 직업 변화에 의해 지속적으로 새로운 기술을 습득해야 하는 미래 직업 환경에서 사전학습과 스킬에 대한 인증은 더욱 중요해 질 것이기 때문에 개인의 비형식학습의 RVA는 권리로 확장되고 있다.

정책적 관점에서 비형식학습의 RVA는 성인 노동인구의 자격부족을 줄이고 재숙련 비용을 낮추며, 저숙련자를 자격화 할 수 있는 장점이 있다. 일부 국가에서는 성인의 비형식 학습에 대한 RVA가 노동시장에 투입 및 재투입을 지원할 수 있는 적극적 노동시장 조치로 간주되고 있으며, 이민자와 난민을 포함해 포용과 공정의 도구로 받아들여지고 있다.

그러나 비형식학습의 RVA체계에 대해 국가와 국제 차원에서의 정책 결정은 엄청난 데이터 격차와 한계가 존재한다. 검증의 중요성과 유용성에 대한 동의에도 불구하고, 정책차원에서 결정할 수 있는 증거기반 지원은 여전히 어려운 과제다. 그러나 성인의 사전학습을 사회적 포용 및 직업기회와 연계하는 것은 평생학습 사회로의 전환에서 중요한 주제다.

이민자들이 직면한 주요과제는 교육받고 숙련된 사람이더라도 그들의 역량이 새로운 나라에서 인정되지 않을 수 있다는 불안감에 직면한 것이다. 따라서 성인이 이전에 이루어낸 형식, 비형식, 무형식 학습과 스킬, 역량을 평가하고 인정하는 것이 사회통합을 위한 개인화된 학습경로 제공의 핵심이 되고 있다.

2019년 Global Inventory에 제시된 다양한 국가의 자격체계 구축상황과 개혁 동향을 분석하면서 변화를 따라잡고, 광범위한 새로운 학습기회를 포착하기 위한 자격제도의 미래를 엿볼 수 있었다. 도전받고 있는 전통적인 자격을 대신해 빠르게 주목받고 있는 디지털자격, 학습결과에 기반한 안정적 자격제도 구축, 포용과 공정의 관점에서 사전학습 인정 등의 동향을 통해 현재 우리나라의 자격제도 개선방안을 구상하고 실현할 기회를 모색함으로써 미래형 자격제도의 발전을 기대해 본다.

NCS 소개

01 국가직무능력표준(NCS)란?

국가직무능력표준(NCS: National Competency Standards)은 산업현장에서 직무를 수행하기 위해 요구되는 지식·기술·태도 등의 내용을 국가가 체계화한 것입니다.

NCS(국가직무능력표준)

National

NCS는 국가가 인적자원개발의 효율을 높이기 위해 개발, 운영하는 직무능력에 관한 표준입니다.

Competency

근로자가 산업현장에서 우수한 성과를 창출하기 위해 필요한 능력 (지식·기술·태도)을 산업별, 수준별로 체계화한 설명서입니다.

Standards

직무의 종류와 난이도가 유사한 경우, 시간과 장소의 제한 없이 직원 채용 및 훈련, 승진, 전보기준 등으로 적용하고 활용할 수 있습니다.

02 NCS 개념도

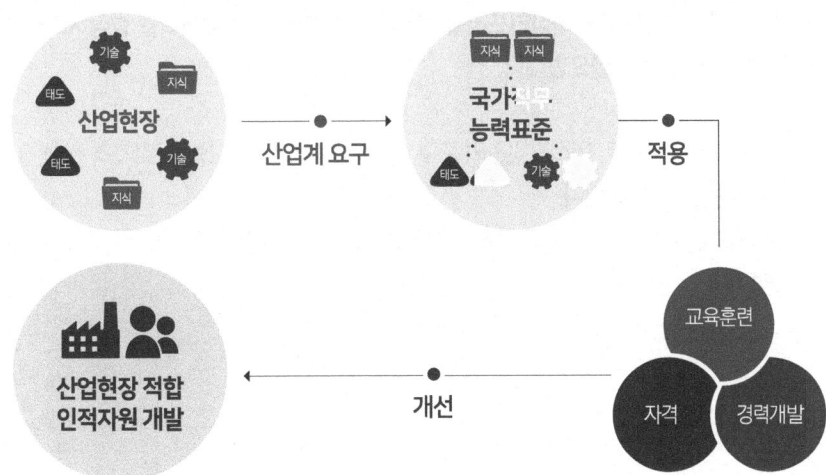

03 직무능력

- 일을 할 수 있는 직업(직무)능력
- 직업인으로서 기본적으로 갖추어야 할 공통 능력
- 해당 직무를 수행하는데 필요한 역량(지식, 기술, 태도)

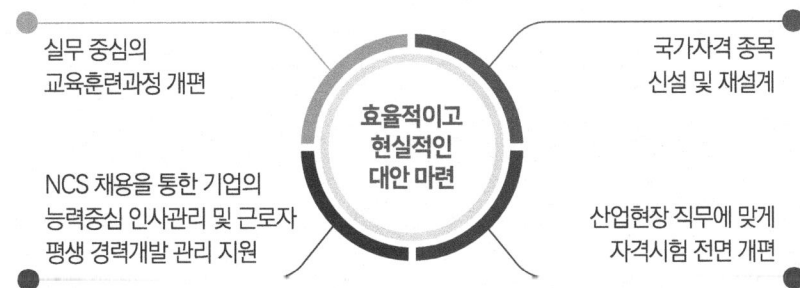

NCS 소개

04. NCS가 왜 필요한가?

능력 있는 인재를 개발해 핵심인프라를 구축하고, 나아가 국가경쟁력을 향상 시키기 위해 국가직무능력표준이 필요합니다.

- 기업은 직무분석자료, 인적자원관리 도구, 인적자원개발 프로그램, 특화자격 신설, 일자리 정보 제공 등을 원합니다.
- 기업교육훈련기관은 산업현장의 요구에 맞는 맞춤형 교육훈련과정을 개설해 운영하기를 원합니다.

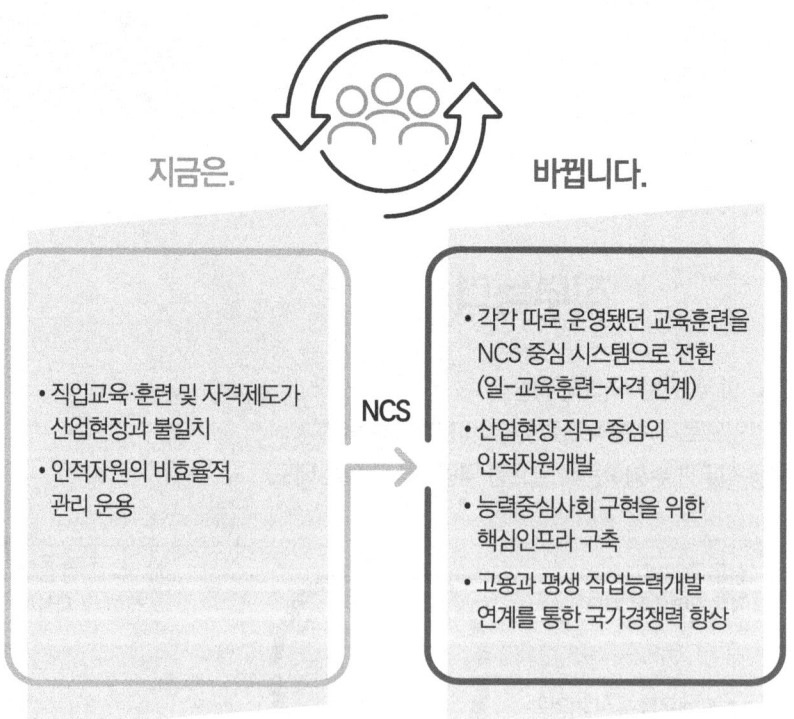

지금은.

- 직업교육·훈련 및 자격제도가 산업현장과 불일치
- 인적자원의 비효율적 관리 운용

NCS →

바뀝니다.

- 각각 따로 운영됐던 교육훈련을 NCS 중심 시스템으로 전환 (일-교육훈련-자격 연계)
- 산업현장 직무 중심의 인적자원개발
- 능력중심사회 구현을 위한 핵심인프라 구축
- 고용과 평생 직업능력개발 연계를 통한 국가경쟁력 향상

05 NCS 활용범위

기업
- 현장 수요 기반의 인력채용 및 인사관리 기준
- 근로자 경력개발
- 직무기술서

교육훈련기관
- 직업교육 훈련과정개발
- 교수계획 및 매체, 교재개발
- 훈련기준 개발

자격시험기관
- 자격종목의 신설통합폐지
- 출제기준 개발 및 개정
- 시험문항 및 평가방법

06 NCS 능력단위 구성

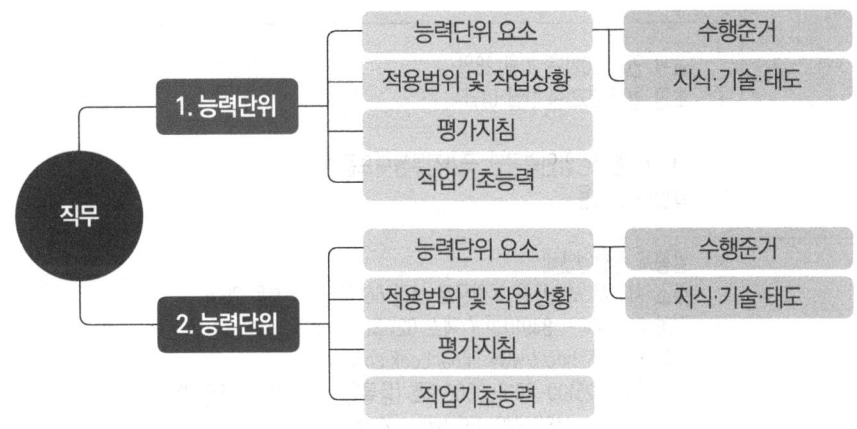

[능력단위]
- 직무는 국가직무능력표준 분류의 세분류를 의미하고, 원칙상 세분류 단위에서 표준이 개발 됩니다.
- 능력단위는 국가직무능력표준 분류의 하위단위로서 국가직무능력 표준의 기본 구성요소에 해당 되며, 능력단위요소(수행준거, 지식·기술·태도), 적용범위 및 작업 상황, 평가지침, 직업기초능력 으로 구성됩니다.

| 이 책자의 글은 각 전문가의 개인적인 의견을 칼럼 형태로 재작성한 것입니다.
상황에 따라 정부 정책 추진방향과는 달라질 수 있음을 양지 부탁드립니다.

초판 인쇄 2021년 10월 28일
초판 발행 2021년 11월 01일

저 자 한국산업인력공단 국가직무능력표준원
발행인 김갑용

발행처 진한엠앤비
주소 서울시 서대문구 독립문로 14길 66 205호(냉천동 260)
전화 02) 364 - 8491(대) / 팩스 02) 319 - 3537
홈페이지주소 http://www.jinhanbook.co.kr
등록번호 제25100-2016-000019호 (등록일자 : 1993년 05월 25일)
ⓒ2021 jinhan M&B INC, Printed in Korea

ISBN 979-11-290-2522-7 (93300)   [정가 12,000원]

☞ 이 책에 담긴 내용의 무단 전재 및 복제 행위를 금합니다.
☞ 잘못 만들어진 책자는 구입처에서 교환해 드립니다.
☞ 본 도서는 [공공데이터 제공 및 이용 활성화에 관한 법률]을 근거로 출판되었습니다.